绵阳市地方志编纂中心 / 编纂

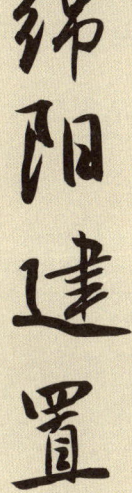

绵阳建置

四川大学出版社

图书在版编目（CIP）数据

绵阳建置 / 绵阳市地方志编纂中心编纂． — 成都：四川大学出版社，2022.12
 ISBN 978-7-5690-5866-6

Ⅰ．①绵… Ⅱ．①绵… Ⅲ．①政区沿革－介绍－绵阳 Ⅳ．①K927.13

中国版本图书馆CIP数据核字（2022）第249122号

书　　　名：	绵阳建置 Mianyang jianzhi
编　　　纂：	绵阳市地方志编纂中心

选题策划：	罗　丹
责任编辑：	罗　丹
责任校对：	吴连英
装帧设计：	墨创文化
责任印制：	王　炜

出版发行：四川大学出版社有限责任公司
　　　　　地址：成都市一环路南一段24号（610065）
　　　　　电话：（028）85408311（发行部）、85400276（总编室）
　　　　　电子邮箱：scupress@vip.163.com
　　　　　网址：https://press.scu.edu.cn
印前制作：四川胜翔数码印务设计有限公司
印刷装订：四川五洲彩印有限责任公司

成品尺寸：125 mm×185 mm
印　　张：4
插　　页：1
字　　数：67千字

扫码获取数字资源

版　　次：2023年3月 第1版
印　　次：2023年3月 第1次印刷
定　　价：32.00元

本社图书如有印装质量问题，请联系发行部调换

版权所有◆ 侵权必究

四川大学出版社
微信公众号

《绵阳地情》丛书编辑部

主　编：韩贵钧

副主编：万晓翠

编　辑：郭　徽　王　飞

　　　　郭　平

目录
CONTENTS

- 001 | 绵阳市境政区建置沿革概况

- 014 | "绵州""左绵""绵阳"之得名由来考释
- 015 | "绵州"得名由来
- 016 | "左绵"得名由来
- 018 | "绵阳"得名由来

- 020 | 戏说古绵州的四种表情
- 022 | 喜——财货之州
- 023 | 怒——征伐之州
- 025 | 哀——灾难之州
- 026 | 乐——诗意之州

- 029 | 绵州筑城记
- 031 | 李贞刺绵筑王府
- 032 | 知州程德降重筑州城

| 034 | 大水冲了绵州城 |
| 035 | 刘印全重筑州城州衙回迁 |

038	**涪城：故县新区本不同**
039	涪城县不是涪县
042	涪城区是涪县最合适的"接班人"

045	**游仙：大路、稻香和旧县的精彩过往**
046	走道要走长安道
049	说稻不可太专业
051	故县已经成传说

054	**安州：崭新的回归**
055	古代军事防御重地
058	"孙孙打婆婆"，暗藏着诡异的历史密码
060	文星降临耀星空

| 062 | **江油：因水得名，从大山走入平原** |
| 063 | 三国重镇，涪江所由 |

064 | 　　悠悠古彰明，诗仙诞生地
066 | 　　清代水陆码头，民国四川名镇

069 | **梓州：那些因移江而固定下来的盛唐流风**
070 | 　　梓州的由来
072 | 　　梓州移江记
075 | 　　诗意古梓州

077 | **潼川：以水命名，辉煌八百载**
078 | 　　潼川身世之谜
079 | 　　潼川筑城记
082 | 　　潼川余韵耀三台

085 | **盐亭：界分巴蜀的兴旺与衰落**
086 | 　　出蜀通道，川北锁钥
087 | 　　梁魏争边，高渠保障
090 | 　　雄镇边关，界分巴蜀

094 | **梓潼：接"天气"，更接地气**
095 | 　　县或立于秦，五度为郡治

| 097 | 地当冲要,隶属关系频繁变更
| 098 | 接"天气"的文昌文化
| 099 | 接"地气"的梓潼美食

101 | 北川:治地三迁,涅槃重生

| 102 | 第一个县治地青石——漫漶于青史的绝塞之地
| 104 | 第二个县治地禹里——1300年不变的治城
| 106 | 第三个县治地曲山——多难兴邦的深刻注脚
| 107 | 第四个县治地——走向新生的永昌

109 | 龙安府:从嚣张的胖子到安静的汉子

| 111 | 龙安府是明代朝廷推行"改土归流"政策的产物
| 113 | "瘦身"之后,归于寂寞

117 | 后 记

绵阳市境政区建置沿革概况

绵阳市境政区建置历史悠久，市境最早出现的郡级政区建置为汉代广汉郡。《史记》《汉书》《华阳国志》《水经注》《元和郡县志》等史籍记载，汉高祖刘邦建立全国统一政权后，于高帝六年（前201）将富饶的巴、蜀二郡分出北部地区设置广汉郡，治地在今梓潼县境。位于古金牛道沿线的涪县（治今绵阳市区）和梓潼县（治今梓潼县城），位于古鄢道的郪县（治今三台县郪江镇），位于氐族聚居地的刚氐道（汉代称少数民族聚居县为道，治今平武县古城镇），此4县均隶属广汉郡。东汉安帝元初二年（115），广汉郡迁治涪县，三年后迁出。

东汉末年，刘备据蜀，建安二十二年（217），刘备分广汉郡北部地区设置梓潼郡（治今梓潼县境）。建兴三年（225），蜀汉后主刘禅又分广汉郡东部地区设置东广汉郡（治今郪县境）。

两晋和南北朝的300多年间，绵阳市境先后经历西晋、成汉、东晋、前秦、刘宋、南齐、梁、北魏、西魏、北周等10个朝代和诸侯国的统治。因战乱频仍，干戈不息，政区设置常因改朝换代而兴废无常、分合不定，侨（州、郡）实（州、郡）混杂，迁徙频繁。市境曾先后设置过潼州（又称西潼州）、新州、龙州等3州；梓潼、巴西、巴西梓潼、潼川（又称潼州、东川）、北阴平、阴平、新巴、江油、新城（后改昌城）、始平（先名始平僚，后改涪城、安城）、西宕渠、北宕渠、高渠（后改盐亭）等13郡，以及40余县。这一时期涪县作为"中分益州之地，断水陆之冲"的"剑门锁钥"，一直是兵家常争的军事要地。

隋文帝统一全国，为了加强中央集权，先后实行州县二级制和郡县二级制，简化政区层级。唐代改地方政区建置为道州县或道郡县三级制。此后，历经宋、元、明、清各朝，政区名称虽几度变更，建置亦有兴废分合，但总的趋势则逐渐趋于稳定。绵阳市境自隋代开始，至清代雍正年间，随着经济发展和军事地位的变化，逐渐形成中部以今绵阳市区为治地的绵州（直隶绵州）、东南部以今三台县城为治地的梓州

（潼川府）、西北部以今平武为中心的龙州（龙安府）的"两府一州"政区架构。由于今绵阳市区历史上处于"控山川形势之胜，为省门之藩蔽"的重要地位，因此州郡政区设置时间最长。自西晋怀帝永嘉元年（307）梓潼郡迁治涪县起，至民国二年（1913）绵州裁撤止，共延续1600多年。绵州因地处水陆交通要道，经济繁荣，物产丰富，而成为川西北重要商业城市。

民国二年（1913），裁撤州、府，实行省县二级制，次年改为省、道、县三级制，今绵阳市境仅存县级建置。但自民国七年（1918）四川军阀按各驻防之地实行"防区制"后，今绵阳市境有绵阳县城和三台县城先后成为统辖各县防务的军队指挥机关驻地。驻防绵阳县城的先后有川军第五师吕超部、川军第三师邓锡侯部、川军第十师刘斌部、川军杨森部第二混成旅杨汉域部、川军二十一师（后改编为国民革命军第二十九军）孙震部（后设川西北屯殖司令部）；驻防三台县城的有国民革命军第二十九军。在此期间，各县皆属驻防部队领辖，道辖县体制已名存实亡。民国十三年（1924）六月四日，道废，各县直隶省辖。民国二十四年（1935），四川省政府在全川建立18个行政督察区，绵阳县城成为四川省第十三区行政督察专员公署驻地，领有金堂、广汉、什邡、绵阳、安县、绵竹、德阳、梓潼、罗江县。民国三十七年（1948）十一月，彰明县由第十四行政督察区改隶第十三行政督察区，故领有10县。

1949年12月21日，绵阳解放。1950年1月20日，中国人民解放军川西北临时军政委员会发布101号命令，成立绵阳行政督察专员公署（简称"绵阳专署"），仍辖原10县，隶属川西行署区（省级建置，治地成都）。同年10月7日，绵阳行政督察专员公署改称川西区人民行政公署绵阳区专员公署（仍简称"绵阳专署"）。1952年9月1日，川西行署区撤销，恢复四川省建置，绵阳专区此后一直隶属四川省。

1953年3月10日，四川省人民政府报经政务院批准，撤销广元专区（1952年12月20日改剑阁专区），原广元专区所辖的广元、昭化、剑阁、青川、平武、北川、江油、旺苍8县改隶绵阳专区。7月4日，四川省人民政府府办第910号命令，将金堂、什邡、广汉3县从绵阳专区划出，改隶温江专区，绵阳专区下辖绵阳、安县、绵竹、德阳、梓潼、罗江、彰明、广元、昭化、剑阁、青川、平武、北川、江油、旺苍15县。

1956年,中共四川省委决定在绵阳县建立绵阳工业区。同年7月,绵阳工业区建设委员会筹备组成立,行政受中共绵阳地委领导,业务受四川省城市建设局管辖,主要为建立省辖绵阳市做准备。后因建市条件尚不具备,1957年7月10日,四川省人民委员会根据中共四川省委决定,撤销绵阳工业区建制。

1958年9月5日,撤销江油、彰明两县,合并设立江彰县。10月18日,经国务院批准,撤销遂宁专区,所辖遂宁、蓬溪、潼南、中江、三台、射洪、盐亭7县改隶绵阳专区,绵阳专区领辖21个县。

1959年3月22日,撤昭化县入广元县;撤罗江县,其政区分别划归德阳、安县两县管辖。4月30日,江彰县改名为江油县。绵阳专区领有绵阳、安县、绵竹、德阳、梓潼、江油、广元、剑阁、青川、平武、北川、旺苍、遂宁、蓬溪、潼南、中江、三台、射洪、盐亭共19个县。

1966年5月后,全国进入"文化大革命"时期。从1967年开始,全国各地相继建立党政合一的各级"革命委员会"。1968年7月8日,经四川省革命委员会批准,绵阳地区革命委员会成立,绵阳专区正式改为绵阳地区。

1977年9月24日，经国务院批准，将绵阳地区领辖的潼南县改隶江津地区。

1978年4月25日，经中共四川省委批准（国务院1979年11月16日国发268号文件批复同意），撤销绵阳县，其行政辖区全部并入绵阳市（县级）。故绵阳地区领辖17县1市。同年，党政合一的绵阳地区革命委员会撤销，其行政领导机关更名为绵阳地区行政公署（简称"行署"）。1983年8月18日，经国务院批准，建立省辖德阳市。原属绵阳地区领辖的德阳、绵竹、中江3县划归德阳市领辖。

1985年2月8日，国务院批准撤销绵阳地区，成立绵阳、广元、遂宁3个省辖市，实行市管县体制。原县级绵阳市改置绵阳市市中区。绵阳市辖市中区、安县、江油、三台、梓潼、盐亭、平武、北川8县（区）；广元市辖市中区（原广元县政区）、旺苍、青川、剑阁4县（区）；遂宁市辖市中区（原遂宁县政区）、射洪、蓬溪3县（区）。绵阳市政府于是年5月31日正式成立。

1988年2月24日，经国务院批准，撤销江油县，设立县级江油市，由省直辖，四川省人民政府委托绵阳市代管。同年12月，经中共四川省委和省政府批准，在中国工程物理研究院设立四川省人民政府科学城办事处（县级）。办事处为省政府的派出机构，由绵阳市代管。

1992年11月4日，经报请国务院批准，撤销绵阳市市中区，设立绵阳市涪城区、游仙区。两区以涪江为界，涪江东岸建游仙区，涪江西岸建涪城区。

2003年7月6日，经国务院批准，撤销北川县，设立北川羌族自治县。

2016年3月20日，经国务院批准，撤销安县，设立绵阳市安州区。

至2020年年底，绵阳市下辖3区5县，代管县级江油市和省政府科学城办事处。

附：

1. 历代治地在绵阳市境的州郡建置沿革表

朝代	纪元	政区名	隶属	辖县数
东汉	元初二年至五年（115—118）	广汉郡	益州	11县
西晋	西晋永嘉元年至东晋永和二年（307—346）	梓潼郡	梁州	6县
东晋	永和三年至咸安二年（347—372）	梓潼郡巴西郡（侨）	梁州	8县
南北朝	前秦占领时间（373—382）	梓潼郡巴西郡（侨）	梁州	8县
	晋太元八年至晋末（383—419）	巴西郡（侨）	梁州	无
	刘宋（420—479）	梓潼郡巴西郡（侨）	益州	4县
	南齐（479—502）	梓潼郡巴西郡（侨）	益州	6县
	梁（502—557）	巴西梓潼郡	潼州	7县
	西魏废帝二年至西魏末（553—556）	巴西郡	潼州	4县
	北周（557—581）	巴西郡	潼州	3县
隋	开皇三年至四年（583—584）	潼州	朝廷	7县
	开皇五年至大业二年（585—606）	绵州	朝廷	7县
	大业三年至隋末（607—617）	金山郡	朝廷	7县

续表

朝代	纪元	政区名	隶属	辖县数
唐	武德元年至九年（618—626）	绵州	朝廷	9县
	贞观元年至开元二十九年（627—741）	绵州	剑南道	开元二年后8县
	天宝元年至至德元年（742—756）	巴西郡	剑南道	8县
	至德二年（757）	巴西郡	剑南道东川	8县
	乾元元年至应宝元年（758—762）	绵州	剑南道东川	8县
	广德元年至二年（763—764）	绵州	剑南道	8县
	永泰元年至唐末（765—906）	绵州	剑南道东川	8县
五代	前后蜀时期（907—965）	绵州	蜀郡	8县
宋	乾德三年至政和六年（965—1116）	绵州巴西郡	西川路（后改川峡路、成都府路）	8县
	政和七年至南宋末（1117—1270）	绵州巴西郡	成都府路	5县
元	元初至元十九年（1271—1282）	绵州	成都路	5县
	至元二十年至元末（1283—1367）	绵州	潼川府	2县
明	1368—1644	绵州（其中三年降为绵县）	成都府	2县

续表

朝代	纪元	政区名	隶属	辖县数
清	清初至顺治十五年（1644—1658）	绵州	成都府	2县
	顺治十六年至雍正四年（1659—1726）	绵州	成都府	无
	雍正五年（1727）	绵州（直隶州）	松茂成绵道	4县
	雍正六年（1728）	绵州（直隶州）	松茂成绵道	5县
	雍正七年至八年（1729—1730）	绵州（直隶州）	松茂成绵道	6县
	雍正九年至十二年（1731—1734）	绵州（直隶州）	川北道	5县
	雍正十三年至乾隆二十七年（1735—1762）	绵州（直隶州）	松茂成绵道	5县
	乾隆二十八年至三十四年（1763—1769）	绵州（直隶州）	成绵道	5县
	乾隆三十五年至六十年（1770—1795）	绵州（直隶州）	成绵道	4县
	嘉庆元年至嘉庆五年（1796—1800）	绵州（直隶州）	成绵龙茂道	4县
	嘉庆六年至光绪三十三年（1801—1907）	绵州（直隶州）	成绵龙茂道	5县
	光绪三十四年至清末（1908—1911）	绵州（直隶州）	四川省	5县

续表

朝代	纪元	政区名	隶属	辖县数
中华民国	民国元年（1912）	绵州	四川省	5县

2. 1935—2020年绵阳政区建置沿革表

政区名	建置时间	领辖县级政区数	隶属	备注
四川省第十三行政督察区	1935年6月	9县	四川省	绵阳、安县、绵竹、德阳、梓潼、罗江、金堂、广汉、什邡
	1948年1月1日	10县	四川省	彰明县划入
绵阳行政督察区	1950年1月20日	10县	中国人民解放军川西北临时军政委员会	（同上）
	1950年2月7日	10县	川西行署区	（同上）
川西行署区绵阳区	1950年10月7日	10县	川西行署区	（同上）
绵阳专区	1952年9月1日	10县	四川省	（同上）
	1953年3月10日	18县	四川省	原广元专区广元、昭化、剑阁、青川、平武、北川、江油、旺苍8县划入
	1953年7月4日	15县	四川省	金堂、广汉、什邡3县划出

续表

政区名	建置时间	领辖县级政区数	隶属	备注
绵阳专区	1958年9月5日	14县	四川省	江油、彰明2县合并
	1958年10月18日	21县	四川省	原遂宁专区遂宁、蓬溪、潼南、中江、三台、射洪、盐亭7县划入
	1959年3月22日	19县	四川省	昭化、罗江2县撤销
绵阳地区	1968年7月8日	19县	四川省	（同上）
	1976年2月4日	19县1市	四川省	绵阳县级市批准建置
	1977年9月24日	18县1市	四川省	潼南县划出
	1978年4月25日	17县1市	四川省	绵阳县并入绵阳县级市
	1983年8月18日	14县1市	四川省	德阳、绵竹、中江3县划出
绵阳市	1985年2月8日	7县1区	四川省	绵阳地区撤销，绵阳市辖市中区和江油、三台、安县、梓潼、盐亭、平武、北川7县
	1988年2月24日	6县1市1区	四川省	撤销江油县，设立江油市
	1988年12月	6县1市1区和省政府科学城办事处	四川省	省政府科学城办事处成立

续表

政区名	建置时间	领辖县级政区数	隶属	备注
绵阳市	1992年11月4日	2区1市6县和省政府科学城办事处	四川省	撤销市中区，设立涪城区、游仙区
	2003年7月6日	2区1市6县和省政府科学城办事处	四川省	撤销北川县，设立北川羌族自治县
	2016年3月20日	3区1市5县和省政府科学城办事处	四川省	撤销安县，设立安州区

[主要资料来源：《绵阳市志（1840—2000）》]

"绵州""左绵""绵阳"之得名由来考释

位于涪江之滨的绵山(郭徽 摄)

绵阳市境政区建置历史悠久，见诸文献记载始于汉代。"绵阳"作为城市名称则始于中华民国时期。另外，绵阳历史上与"绵"相关的地名还有"绵州"和"左绵"。这三个地名究竟如何得来？笔者作为《绵阳建置沿革志》的主编，亦专门对此问题进行探究与考证。现将笔者的浅见阐释如下，供史志研究专家及同好参考。

"绵州"得名由来

隋文帝开皇三年（583），罢潼川的巴西、安城、万安三郡仍置潼州，开皇五年（585）改名绵州。这是绵阳历史上第一次出现州名"绵州"，因"绵水"而得名。唐《元和郡县志》，宋《太平寰宇记》《舆地广记》皆云"（绵州）以绵水得名"。《绵阳市志（1840—2000）》记载："绵州，因绵水得名。隋置绵州时，州辖有万安县（今德阳市罗江县），绵水（今绵远河）流经万安县西南境。由成都沿古川陕道出川，进入绵州境首过绵水。"为什么绵州治地一直

在今市区(今涪城、游仙城区),紧邻涪江,州名不以涪江得名却以绵水得名?隋时乌江称涪陵水,隋文帝开皇三年(583),罢合州的垫江、清居二郡,设置了涪州;为避重名,绵州则以州境的绵水而非涪江来冠州名。至于其后绵水为何又改叫绵阳河、绵远河,那是在明、清和近代之后的得名。据四川人民出版社出版的《德阳市志(1983—1994)》载:"绵远河古名绵水,明、清称绵阳河,民国二十九年(1940)更名绵远河。"

"左绵"得名由来

"左绵"是文化界(或文人雅士,或诗书画界落款)对绵州的别称。"左绵"一词语出杜甫寓居绵州公馆(今李杜祠所在地)时题写的《海棕行》一诗。其诗开篇有"左绵公馆清江濆,海棕一株高入云"之句。"左绵"一词最早见于晋人左思的《蜀都赋》,有"于东则左绵巴中,百濮所充",原意指:从蜀国之都的成都东(北)面出发,一直绵延到巴中(治地不详：一说今汉中；一说古巴兴，治今蓬溪；一说古巴西郡，治今南部县。此三地皆为古巴人聚居区），各种濮人充塞（把持、据守）在各个要害险固之地。这里有个古地理概念的转换问题。古代从中央到各府、州、县治所（衙门）的朝向均是坐北朝南，成都自然也不例外。今成都市人民南路天府广场毛泽东塑像所在地就是明代蜀王府所在地（蜀王府在"文化大革命"中被破坏），明代蜀王府大门朝向正对成都市区南方（人民南路）。因此，古人以"上南下北，右西左东"确定地理方位。成都为古蜀国之都，《蜀都赋》所描述和记载的内容均按此地理方位记述。故此赋中的"左绵"自然应指成都以东（或东北向）一带，绵州正好处在成都的东北向，故杜甫以"左绵"代称绵州也是可以理解的。《绵阳市志（1840—2000）》以附文形式对此作了说明："《太平御览》转载《游蜀记》说：'左绵郡有小江三川，所尚绵州。'此后，常见书画作品落款以'左绵'代称绵州。"

"绵阳"得名由来

1912年民国初兴,地方施行新政。其时政区设置由清代的府、州改为道、县制,绵州一地改属川西道[治今成都市,民国三年(1914)改为西川道]。民国二年(1913)绵州正式裁撤,从元至元二十年(1283)施行"省县入州"之制:凡州治所在县,不复设县,以州代县,称为"绵州本州",但民间则直称"老绵州"。若县名再用"绵州"一名已名不符实,取新县名迫在眉睫。新县名既要传承历史脉络,又要反映县的特点。据《(民国)绵阳县志》总纂崔映棠[绵阳人,清贡生,曾署华阳、犍为、江津县教谕,民国时期改任绵阳视学,在民国初卸任江津县教谕归绵,后被聘为《(民国)绵阳县志》总纂]生前讲述,"绵州本州"在更名时以老县城位于绵山(今从越王楼景区所在地)之南而得名"绵阳",取旧时"山南水北"为"阳"之义。崔先生将其记入《(民国)绵阳县志》卷一"疆域 山川上","绵山,

《旧志》'治北二里,与天池山相联,为一县主山,州以此得名……距城不三里,是为一州之来龙'。案:《水经注》《元和郡县志》《舆地广记》皆云'绵州以水得名',此谓以山得名,古籍无之,名由后起"。准确地记载了"老绵州"改名为"绵阳县"的全过程和缘由。

(王志强)

戏说古绵州的四种表情

位于涪江两岸的东汉大铜马雕塑与越王楼（晏茂川 摄）

隋开皇五年（585），改潼州为绵州，领巴西、昌隆、涪城、魏城、万安、神泉、金山7县。大业二年（606），改为金山郡。

唐武德元年（618），改为绵州，至大历十三年（778），领巴西、昌明、魏城、罗江、神泉、盐泉、龙安、西昌8县。

宋仍名绵州，属成都府路，领巴西、彰明、魏城、罗江、盐泉5县。

元仍名绵州，领彰明、罗江2县。

明仍名绵州。史称领彰明、罗江2县；志则散州，与彰明、罗江均属成都府。（按，笔者认为此处当从志。）

清初沿明，雍正五年（1727）升为直隶绵州，领德阳、安县、绵竹、梓潼、罗江5县。

民国二年（1913）改绵州为绵阳县，绵州从此退出历史舞台。

单看古绵州的历史沿革，犹如识人只看简历，似觉单调无味，而细查史实，其实古绵州的"表情"还是很丰富的——

喜——财货之州

隋唐以下的绵州延续了两汉"富乐之乡"的名声。

《新唐书·地理志》载,唐朝绵州,贡镂金银器、麸金、轻容、双紃、绫、锦、白藕、蔗,有橘官。金银及其成品加工、高级纺织物、高级农产品是绵州的支柱产业,所辖各县,或以水利丰沛,有农亩之利;或多盐铁,有经济之利。

《宋史》载,绵州贡绫、纻布。相比唐代,贡物大幅减少。但绵茶异军突起;绵州引入占城稻,稻米产量实现飞跃。对宋王朝而言,茶与米的价值更在贡品之上。宋长期受制于辽金,军马驿马奇缺,只得通过茶马互市,从有马而缺茶的蕃部获得马匹。雅茶最受蕃部青睐,绵茶是雅茶的重要补充。《宋会要》记载,建中靖国元年(1101),茶事司经过调查,建议将巡辖绵利州界茶铺的使臣由利州移驻绵州办公并蒙许可。可见,绵州与利州相比,产量、品质和口岸均有优势。

今绵阳、安县、江油等地都曾出土唐宋钱币窖藏；绵阳市博物馆馆藏会昌开元通宝，背字有近20种（会昌开元通宝背字反映其铸造地）。这些充分证明了唐宋以来绵州的商品经济十分活跃。

绵州还是高等级的水陆码头，物资转运便捷，此不赘言。

怒——征伐之州

历史上，绵州的战乱有两类。

一是王朝兴替的大规模战争。蜀汉重臣蒋琬认为涪县（即后世之绵州）"水陆四通，惟急是应，若东北有虞，赴之不难"。绵州位于蜀都与蜀口的中间，是北方边境的有力支撑，也是指挥中枢前置的绝佳据点。欲取蜀都，必取绵州——大多数时候是这样。

有意思的是，面对北方崛起的汉人政权，绵州的抵抗并不激烈。《明实录》记载，洪武四年（1371）傅友德夺取绵州后，想跟另一路进兵的汤和通消息，就趁涨水,以木牌数千,写上"阶州、文州、绵州某月某日已拿下",并把木牌投进嘉陵江。下游大夏守军看到木牌后,军心涣散。无心插柳而见奇效,间接表明了绵州在四川的军事地位。

面对实力更为强大的北方游牧民族,绵州或持久,或惨烈地血战到底。元灭宋、清灭南明,都造成绵州人口大幅度减损,当地不得不通过大规模的移民进行填补。后人说,"蜀人从不曾负国",此言诚哉!

此外就是地方官叛乱、民族冲突及农民起义的局部战争,如唐代南诏、吐蕃,宋明氐羌,清代白莲教、蓝朝鼎围城、太平天国残部过境等。此类事件,绵州人或为乱世鸡犬,或为城门池鱼,每遭逢一次,都有惨痛的生离死别。即便如大小金川之役这类距离较远的局部战争,也因后勤供应等沉重负担,使民众不胜烦扰。

哀——灾难之州

兵燹之外，尚有天灾。自然灾害和荒年饥馑是古人难以规避的劫难。

绵州有史可考的最惨烈的自然灾害是清代涪江冲决州城。

清康熙三十一年（1692），绵州涪水暴涨，冲城直过，以致城垣、居民，大半削为河道，涪江遂从此顺流直下，其老河故道，旋浚旋淤，势难改复。此后，旧州靠西南半壁勉强维持了几十年，到乾隆三十五年（1770），难以为继，于是有了迁州罗江的提议，并于乾隆三十六年（1771）奉旨完成搬迁，旧州降为驿站。嘉庆五年（1800），残破的半个旧州在防御白莲教渡江南下时成为天堑建了奇功，触发了士民对旧州的感念，民间有了回迁的呼声。此时的两级官员"俯顺舆情"，于嘉庆六年（1801）请旨复州（见同治《直隶绵州志》）。

相比于背井离乡，"饿其体肤"的体验或许更为

深刻。唐宋以来的灾情难以稽考,还是以清代为例。

民国《绵阳县志·荒政》记载,嘉庆五年(1800)至清亡,官府7次采取措施救荒,旱灾2次、水灾兵灾各1次,不明灾情3次。其中光绪四年(1878)"二麦歉收,夏旱益甚,贫民乏食,贩饼者执棒以防夺食",读来百味杂陈。荒政记载明显不完备,所谓"同光盛世"已是如此,其他时期也就可想而知了。

乐——诗意之州

绵州之地,出土了数量庞大、造型精美的汉代文物,证明当时的人们拥有精彩的文化生活。与之匹配的本地文学,却因汉晋南北朝以来的战乱荡然无存。今人能读到的有代表性的早期诗歌,大概仅有南北朝时期无名氏写的一首《绵州巴歌》。而进入唐、宋、明时期,政局趋稳,经济与人文昌盛,众多或宦游,或流寓,或小住的文人骚客,为绵州留下了不少精彩的诗文。

唐代诗人罗隐在《绵谷回寄蔡氏昆仲》一诗中写下"今日因君试回首,淡烟乔木隔绵州"的名句,虽然写的是怀念锦城(成都)友人的离愁别绪,却也勾画出绵州一派"淡烟乔木"的悠远恬静的气质。杜甫则在《送严侍郎到绵州同登杜使君江楼》诗中,细细描绘了绵州江城的美景:"野兴每难尽,江楼延赏心。归朝送使节,落景惜登临。稍稍烟集渚,微微风动襟。重船依浅濑,轻鸟度层阴。槛峻背幽谷,窗虚交茂林。灯光散远近,月彩静高深。……"

宋末元初,旅经绵州的诗人汪元量直接以《绵州》为题,抒发在芙蓉溪上饮乐的快意与舒畅:

绵州八月秋气深,芙蓉溪上花阴阴。
使君唤船复载酒,书生快意仍长吟。
击鼓吹笙欢客饮,脱巾露发看日沉。
归来不知其所往,但见月高松树林。

及至明代,入蜀的驿道摒弃秦汉以来传统的金牛道,而走保宁、潼川的弓背线。如此一来,绵州便成了僻处一隅的"桃花源"。明成化十八年(1482),知州唐平恢复了宋代修建的春酣亭。此亭得名源于宋

朝诗人唐庚的名句——"人间八月秋霜严,芙蓉溪上春酣酣"。交织着秋色与春意的芙蓉溪,正是诗意绵州的最好写照。

明代的绵州似有非凡的吸引力,能让在外地做官的本地人不想去,让在本地做官的外地人不想走。金献民说,"攀萝独上最高台,万斛尘烦顿觉开",绵州城周边起伏绵延的山丘最适合登高忘忧。张时彻说,"蒲团石榻如相借,脱却簪缨早晚来",这里好啊,我早晚告退,来谈佛法……

明代绵州有多位知州都轻松实现了"政平事简":黄诚人品太好,他造册增乡,百姓主动配合"起科附籍";宁鸿筑堤防水患;叶大用、江洪、王大辂、刘灿、尹衮、萧来凤、万辉、李正芳等也都是口碑不错的好官。

最好的绵州,应是明代。既然大家没事,不如沉醉在绵州的山光水色里,吟诗。

(郭 平)

绵州筑城记

绵阳城区越王楼·三江半岛景区（米川宁 摄）

隋开皇五年（585），文帝杨坚开国后第五个年头，我们今天居住的这个地方改名了，由潼州改为绵州。之前，它的名字如朝代一样多变，梓潼郡、巴西郡、巴西梓潼郡、潼州……绵州之名，取自州境内的万安县（今德阳市罗江县）西南的绵水。绵水是蜀郡和州境的自然分界线，由蜀郡入州境首先得渡过绵水。那么问题来了，西汉置涪县，因紧邻涪水（今涪江）而得名。隋朝变更州名，为什么不学汉朝直接取名涪州呢？原来早在开皇三年（583），涪州之名就已被千里之外的垫江、清居二郡联合"抢注"了。

绵州，这个今人耳熟能详的地名，自隋初诞生起，一直沿用到1913年。时至今日，绵州退出历史舞台已有百余年，绵阳人仍念念不忘这个古老的名字。千年古绵州，州城位于涪江、安昌江、芙蓉溪三江冲积扇上，作为"控扼全川"的军事战略要地，在历史上屡建屡毁、屡毁屡建，这其中有历代王朝筑城固险的考量，更有绵州儿女爱家护乡、代代不息的筑城之心。

李贞刺绵筑王府

从唐到宋，绵州治地均在巴西县城。巴西县，其名貌似陌生，实则"根正苗红"，脱胎于汉代的涪县。唐代的绵州城规模不大，地理方位较汉代也没有太大变化。《元和郡县志》记载，绵州城坐落在涪江河道东岸、芙蓉溪西岸，大约就是今开元场一带。其形似北斗七星，状如卧龙俯伏，呈调羹形带状分布，城东五里是富乐山，城北一里余是天池山，城西八里有蒋琬墓。流寓绵州的杜甫用诗歌留下了鲜活的唐城生活画卷：他踱步东津观看打渔，登望江楼赴宴酬唱送别，喝着小酒陪人看涪江洪水，歌颂海棕高耸入云，并不经意间为绵州留下"左绵"的雅称。

唐代绵州城有没有经历过大规模的兴建？有！且规格高、品位高。唐高宗显庆年间，唐太宗第八子越王李贞任绵州刺史，于州城西北修建规制宏阔的州府及辉煌夺目的越王楼。《杜诗详注》说，李贞先建王宫，后修高楼，以楼助王宫气象。以亲王规制营造，

气派可想而知。到杜甫寓绵时,越王楼不过刚历百余年,风华如昔,仍是绵州的"地标建筑"。杜甫不免感慨:"绵州州府何磊落,显庆年中越王作。孤城西北起高楼,碧瓦朱甍照城郭……"

越王楼矗立于州城西北,碧绿色的琉璃瓦、朱红色的屋脊彰显着富丽堂皇、气宇轩昂的皇家风仪。登斯楼,可观清凌凌的涪水绕城西流,落日余晖洒满远山。越王楼究竟有多高,志书无载,不过倒是诱发了中唐绵州刺史樊宗师的"恐高症"。他登楼后感叹:木椽斗拱装饰着奇形异状的龙虎图案,耳边环绕着风雷之声。步步蹒跚终达楼顶,真如闯进天上星辰宫殿。唐宣宗大中年间,绵州刺史于兴宗不仅慕名登楼作诗,还将诗作和一幅越王楼画卷寄给友人,公开征集唱和。拜杜甫、樊宗师、于兴宗等人的不吝"宣传",绵州越王楼名扬天下,成为众多诗人歌咏感怀的对象。

知州程德降重筑州城

宋代绵州城逐渐向西南拓展,有史可查的筑城记录至少有四次。前三次，志书仅有零星记载，语焉不详。第一次，北宋太宗淳化五年（994），一位石姓知州曾经筑城；第二次，北宋真宗景德四年（1007），欧阳修之父欧阳观任绵州推官时修筑土城；第三次，南宋宁宗时期，知州史祁筑土堤于城之西北，以抵御涪江水患。

南宋时期，金人占据秦岭以北地区，作为蜀地之屏的绵州城，其重要性等同边关，几度成为川陕宣抚副使等省级行政机构治所。尽管如此，但到南宋宁宗嘉定年间，绵州城垣已有200余年没有培修，名曰城墙，实则若有似无，三尺牧童就可以轻易跳过城墙，一州之安危仅靠屯驻的2800余名右护军官兵。在外有强敌的特殊时期，流水的营盘实在没有铁打的城垣靠得住，绵州官民筑城的愿望越来越强烈。

眉山人程德降担起了筑城重任。嘉定十二年（1219），程德降任绵州知州，第二年便大刀阔斧地修筑城垣。大学者魏了翁的《绵州新城记》中有记载，程德降省去官府不急用的费用，任命两名"专职干部"，在农事间隙募工筑城，仅用6个月时间，绵州城垣就焕然一新："城成袤一千三百丈，崇二丈，而堞五尺不与……"按今天测算，城市面积约1.32平方千米、城墙高6~7米。墙体内打入铜钉，墙外盖上石板，岿然如峭岩断岸不可攀登。程德降离任后，其筑城的战略眼光和英明举措，在继任知州高定子击退叛军、保全绵州城的危难时刻得到了充分的印证。

大水冲了绵州城

明朝末年，张献忠率军攻打绵州城，久攻不下，可见当时绵州城防体系比较完备。张献忠采纳谋士的建议，毁掉绵州风水宝塔南塔，终于攻陷绵州城。

清初的绵州城经过连年战乱，州城虽在，但残破不堪。人祸渐平，天灾又至。康熙三十一年（1692），涪江暴发特大洪水，来势汹汹、浊浪滔天的江水打破了绵州城的宁静，由北向南径直从城内冲过，冲毁州城的北门和东门。那时的涪江本在州城西面，大约在碧水寺以上、小岛村南斜向西流经今市人民医院、富临大都会、人民公园、原市工商局大楼、炭码头，吸纳安昌河后，流向南山脚下。此次洪灾，涪江不归故河道，冲城而过，直泄南山脚下。此后又经几次大洪水的冲击，故河道逐渐淤塞，残存的州城孤立于新河道的西岸。清乾隆三十二年（1767），州城再遭洪灾，知州黄叔显想修筑堤坝护城，可疲于赈灾的绵州人哪有这精力，于是落下个"无有应者"的尴尬场面。

乾隆三十六年（1771），破败的州城终于等来了朝廷的旨意：州衙迁往罗江县，原州城降为金山驿。堂堂"剑门锁钥""蜀道咽喉"，西汉涪县故地就此沦落为南来北去的一个中转驿站，仅由一名驿丞"领导"。这是绵州设立1100余年以来最凄惨的境况。

刘印全重筑州城州衙回迁

清朝嘉庆年间，重筑绵州城出现了戏剧性的转机。嘉庆元年（1796），四川爆发大规模白莲教起义。嘉庆五年（1800），白莲教起义军逼近旧州城，打到涪江北岸。知州刘印全认为旧州城虽然残破，但可划江固守，于是火速从罗江县赶回旧州城，号召重筑旧城。这一回，旧州城士民踊跃响应。刘知州前后捐养廉银9300两，士民自掏腰包41200百余两，官民一心，昼夜兴工，创造48天修复旧城垣的奇迹。旧志记载，由于旧州城应对充分，起义军遂放弃攻城，改走他处。凡转移进城的四乡居民都躲过了战乱。

人们额手称庆之余，不知是谁先清醒过来：州治必须回迁，否则，时间一长，这个城还得完蛋！但州治回迁非同儿戏，地方官说了不算。绵州官民也许有个谋划，先民间集资修筑新城，后上奏朝廷，来个引"治"还巢！据记载，旧州城人按亩分摊经费，历时三年筑起新城。它坐落于涪江西岸，城墙高6米多，周长3100多米，城身以方石修砌，城内修有马道，城市新中心位于北街口，城有五门：东门叫安定门，南门叫会昌门，西门叫镇川门，北门叫迎恩门，西北还有一道城门，叫长兴门，也就是大家熟知的小西门。城墙之上修有四座城楼、五座炮台。此外，文武庙、州衙、仓库、监狱等重要公共设施一应俱全。城外甚至砌筑了一道长807米、宽33米、高同城墙的人字石堤防范洪水。

一切就绪，回迁报告也打了，就等四川总督批示。可罗江县人又不干了，也向上打报告说，自己辛苦建设多年的新州治哪能说搬就搬？是迁还是留，双方各执一词。恰逢四川总督勒保忙于追击白莲教，就把此事晾在了一边。旧州城的士民不愿就此罢休,趁驻藏大臣和琳回京途经绵州之机,几个胆子大的跑去跪拦和琳,递上回迁请愿书和新城图纸。和琳视察新城之后赞赏不已,回京途中就帮助绵州民众向皇帝递交请愿书。清嘉庆七年(1802)二月,朝廷终于同意回迁。同年七月,知州刘印全在香花案盘和州人的夹道欢迎中率众"公务员"回到涪江西岸的州衙。

从那以后到1913年裁撤绵州,绵州城再无大的变化。

(李维怡)

涪城:故县新区本不同

三台县的涪城麦冬种植基地(冉进财 摄)

涪城区设立于1992年10月30日，简称"涪城"，为绵阳市主城区，辖境以清代直隶绵州本州（民国改"绵阳县"）涪江右岸地域为主。绵阳上下游分别有"龙"（平武）、"潼"（三台）二府，两地在历史上与绵阳（绵州）同为重镇，行政级别在绵阳之上。两千年来，经过漫长的角逐，绵阳最终超越龙、潼两地，成为四川第二大城市。

绵阳的历史地名，"涪"早于"绵"，"涪城"并非新地名，作为县级行政区域地名，"涪城"古已有之，甚至因为与早期绵阳（涪县）的特殊渊源而引起一些误会，影响深远。

涪城县不是涪县

汉末至魏晋南北朝时期，中国处于分裂状态，蜀地亦然。大致在此期间，在涪江之滨，涪、郪两个秦汉以来的古县之间产生了一个新兴的小县：涪城。

涪城至少曾于后魏、梁、隋时期三次短暂改名，用过潼县、始平、安城等县名，至于始置时间，民国《三台县志》列出一种说法是晋惠帝元康六年（296），其依据为"绵州地志表"，此表出处未明。南北朝诸史内容较为简略，今人仅能在零星记载中一窥早期涪城县的历史。需要注意的是，这一时期的正史在表述历史事件时，用到的历史地名既有"涪"，也有"涪城"，如《晋书》既载"会罗尚卒，巴郡乱，李骧攻涪"，又载"平西将军周抚讨萧敬文于涪城，斩之"。《宋书》甚至载二者于一句，云"（元兴三年）龄石遣司马沈叔任戍涪，蜀人侯产德作乱，攻涪城，叔任击破之，斩产德"。

结合古人表述地名时的习惯，可以判断"涪"与"涪城"分指两地，即"涪县"与"涪城县"。

涪城县本由涪县分割而置，设于"永嘉南渡"的历史背景下。这里地处涪、郪两县之间，辖境大致在今三台县花园、建设两个乡镇（编者注：2019年12月花园镇、建设镇分别并入三台县芦溪镇和永明镇）一带，涪江左岸"涪城坝"为建置中心，军事地位极其重要。无论是南北朝时期南北两大阵营之间的反复相争，还是以李雄为代表的流民起义，或者氐羌少数民族与汉人之间的冲突，都把涪城县作为必争之地，在当时的军事家眼里，由北路过剑门，拿下涪城县，取道五城（今中江），直扑蜀都，是一条成熟的行军路线。汉末以来多次战争的进程正是这样的。涪城县的得失牵动全蜀，《北史》云："脱（按，倘若）得涪城，则益州便是成禽之物。"

有一次很著名的例外：刘备取蜀。蜀汉集团入蜀之前，获得了大量荆楚士人的加入，古语云"南船北马"，这批人擅长水上技能，于是制定了溯涪江而上的行军路线。尽管例外，但也没能绕开涪城：溯涪江而上，涪城县更是必经之地。

历代的经营留下了丰富的地面地下文物，山间崖墓、水底木槎、废寺残石，历历可陈，古代诗歌时有铜鼎，村夫野老常说铁镞。随着明清以来通俗文学的广泛流播，"三国"故事深入人心，上述古代遗址遗迹纷纷被附会入三国传说，上至藏宝洞，下至油灯劐，无不与三国故事"接轨"，甚至那枚因王莽篡位而崩坏了一个角的"金镶玉玺"也曾被刘皇叔"寄存"在五层山的八角井里……

唐大历十三年（778），涪城县划归梓州，走上了新的发展之路。唐宋年间，涪城及周边地区以盐铁、药材、纺织品等资源及地缘地理特性赋予的口岸优势而繁盛一时，是东川财赋的重要组成部分。元至元

二十年（1283），涪城县废入郪县，正式退出历史舞台。究其实，不外乎是过度开发导致的资源枯竭。

打开今天的电子地图，成万高速与成渝环线高速交会于南距古涪城县不过十余里的永明镇，这里迅即成为沟通川西北与川中地区的大型枢纽，其走向与曾经的盐铁之路高度吻合。古涪城县兴八百年、废八百年，终于又获得了一种跨越千古的认同。涪城古县能否重新焕发生机？或可拭目以待。

涪城区是涪县最合适的"接班人"

现代行政区域框架下的"市中区"与古代的"附郭"、近现代的"城厢""城关"概念一脉相承，涪城区不但继承了绵阳超过两千年的人文历史，也扮演了未来发展的"领头雁"角色。

东汉永初、元初年间，西北地区连年发生自然灾害及叛乱事件，出于避险、赈灾、抚绥等需要，广汉郡治所在梓潼、涪县、绳乡（广汉）之间摇摆，徙驻无常。也正是在这一特殊时期，涪县的"州郡级"

潜能被解锁，地理优势愈发显现，蜀汉名臣蒋琬所持"今涪水路四通，惟急是应，若东北有虞，赴之不难，请徙屯涪"之议，正是对这种区位优势的精辟总结，由此开启了后来巴西郡、绵州、金山郡、直隶绵州、绵阳地区、绵阳市的漫长演进。唐宋时期的绵州厕身于东、西两川之间，默默蓄势，待以有为。此期间，巴西县因毗邻州城，颇具"附郭"意味。

古代建置，州以本州为治，兼辖数县，府以附郭为治，统辖数县。府州之间有一个直观的外在区别，即有无"附郭县"。府作为行政区域建置，滥觞于唐宋，绵州未能实现"上位"，废郡立州后，作为涪县"替身"的巴西县与本尊一道，在一种尴尬中逐渐失落。明清时期的绵州有资源和地理优势，但相邻的成都、龙安、潼川、保宁等几府环绕的格局难以打破，所以只能以川省第一直隶州（按，据清代"南部县档案"官府文书排序）的身份"屈就"。

清乾隆初，知州屠用谦以大江、驿道为自然边界，改六里为四乡，隐隐然就像两百多年后以涪江平分涪城、游仙二区这一跨时代设置的"内部"预演。

这块土地同样经历了自然灾害，如地震、水灾的严峻考验，一度"迷路"于历史的河岸。清康熙年

间的大洪水，冲决了大半个州城，导致州城整体外迁，后因为白莲教起义的特殊机遇，才得以"州复旧州"。历史往往带有神秘的启示。8世纪，涪城县划归梓州，绵州在与潼川的角逐中"礼让"一个涪城，削绵固潼，可以视为巩固四川腹心地区的一盘大棋。换一个角度，我们或许可以说，中唐时期的绵州实际上已经足以与煊赫一时的潼川一较短长了。

19世纪，潼川在盐资源的角力中完败于蜀南地区，自此一蹶不振；20世纪，绵阳崛起，"涪城"闪亮回归，跨越旧时代的"附郭"，成为"科技之心"。

（郭　平）

游仙:大路、稻香和旧县的精彩过往

游仙区魏城镇的田园春色(贾宗强 摄)

1992年11月，经国务院批准，撤销绵阳市中区，其辖地以涪江主航道中心线为界分设涪城、游仙两个县级区。

游仙区位于涪江以东，治地游仙镇沈家村。晋代葛洪的《神仙传》记载，汉代云游天下的仙人李意期曾在这里修炼，后人乃修游仙观以作纪念，游仙得名于此。

游仙设区不过二三十年时间，然而游仙的故事却远不止于此。

走道要走长安道

道可道，非常道。

进得梓潼，南栈险尽，遂有陂去平来一说。清咸丰《重修梓潼县志》记载，县北十里剑泉，曾有明万历年间"陂去平来"坊，知县张香海于咸丰七年（1857）重修。

经过游仙的驿道正是通天的大道，书生北去，王侯南来。古代梓潼、绵州之间的官道有70里在今游仙境内，无北栈之险，无成绵之夷，恰是险夷之间的缓冲地带。

秦汉之间，中国陆路网状交通已然成形。为了统一天下，早在战国时期，秦国就不遗余力地修凿通蜀的道路，"秦栈道千里，通于蜀汉"（《战国策》）。为了确保政令畅通，路政是统一王朝的第一等要务。入蜀通道历代均有维护。

唐代金牛道脍炙人口，李白以"黄鹤之飞""猿猱欲度"极言其艰险。唯其艰险方能凸显其通达之意义。前玄宗、后僖宗，天子入蜀，过游仙。杜子美、罗江东，诗人羁旅，在游仙。

南宋抗金主力"吴家军"守蜀，淳熙初，主帅吴挺整治军队，"武兴（即略阳）所驻为前军，为中军。自是而西至巴西（即绵州），则为左、右、后军……辕门号令，朝出而夕达矣"（《宋史》）。略阳到绵阳，直线距离500里，能做到政令朝出夕达，宋代邮差有"急脚递""金牌递"名目，速度委实惊人，后世有俗语"狠脚子"，实滥觞于此。而当时路政之健全亦颇为惊人。大宋的马拉松健儿，携军令，经过游仙时，要么刚起跑，要么在冲刺。

明代入蜀，弃用金牛道，取道川中地区。清康熙

二十九年（1690）恢复金牛道，驿道重新过游仙。按照十里一铺的标准，游仙境内设有六铺一驿，即宣化铺、魏城驿、铜瓦铺、沉香铺、蔡家铺、抗（杭）香铺、滥泥沟铺，共计70里驿道。

2014年，绵阳市博物馆曾组织实施"绵州古驿道野外调查"。仙人桥以东及朝阳厂厂区与芙蓉小区一带驿道遗存明显，有"酌中道里碑"、大量驿道石板及疑似驿道设施等。酌中道里碑有指路、计程之功用，为旧时路政基础设施。该碑体型较民间指路碑大，无后者常见的"弓折弦先断"一类的民间辟邪语，且标明了立碑时间，可见是官方所立。碑立于乾隆五十年（1785），时在绵州迁州及金川战事结束后，虽不起眼，但革故鼎新的意义明显。驿道石板尺寸不等，但比剑阁、梓潼整齐规范，比绵阳、德阳简单粗犷，充分体现出游仙驿道位于浅丘山地的独特属性。

70里驿道还有数不尽的诗。北宋诗人唐庚说，"左绵城北长安道，马足翻翻人自老"，宦人推敲昨天的诗句，咏叹做官的辛苦。

还有赴考的学子纠结做过的题目，体味落榜的酸楚。只有脚夫把劳乏托付给下一站的薄酒。这正是旧时驿道上的一般风貌。

骡马倦极，翻一翻鼻孔，空气中传来九月的味道。

说稻不可太专业

绵州产稻，古已有之。绵阳地区出土的汉代文物透露出大量早期农业生产的信息。

《华阳国志》载："（涪县）有宕田，平稻田。"可见汉晋时期绵阳境内即已种植水稻。唐代绵州境内兴修了多处堰渠，如游仙境内的洛水堰，"魏城上北五里有洛水堰，贞观六年（632）引安西水入县，民甚利之"（《新唐书·地理志》）。

宋代绵州的稻米已经以后起之秀的姿态蜚声川内外。《宋会要》记载，淳熙十四年（1187）五月二十七日，四川总领赵彦逾向朝廷建言，在绵州就地设场买米，就能保证绵州军粮供应，从而不需再从彭州转运稻米，因之节省了大量人力财力。

宋代绵州稻米产量的飞跃得益于良种水稻"占

城稻"的引进。占城稻是一种高产、早熟、耐旱的优质稻种，五代后期及北宋初年由海商从今越南引入福建，其后推广至江淮及两浙，逐步覆盖其他地区，后因南宋对四川的重点开发而落户于绵州。嘉庆《直隶绵州志》提到宋代绵州引进占城稻的事："……惟稻最美，有名曰占者，云自占城来。桂阳占，白色。沙占，白色。岩占、麻占，俱黄色。……糯色黄者，有辉糯、有黄丝糯。色红者，有矮子糯，俱可酿、可饧、可炒、可餐。"可见，优质稻米品种丰富，甚至推动了烹饪技术的进步，当时的绵州人大概也不乏"美食博主"。

南宋诗人洪咨夔曾在《幽芳晚凉倚窗观稼》诗中写道："晚风不动稻苗平，叶叶头边沆瀣明。"稻苗密实，稻叶上端的露珠风来不动，足见植株健旺，长势喜人，丰年在望。这正是引种占城稻取得成功的真实记录，同时可知，今游仙境内是古绵州重要的稻米种植区。

唐宋农业技术的进步，为清代缓解人口膨胀的矛盾打下了基础。"湖广填四川"移民带来了稻作先进地区的生产经验，也是绵州能够保住稻米生产优势的重要原因。

上文提到，游仙境内有"六铺一驿"，其中有一个非常特别的地名——"抗香铺"，"抗"是"秔"字误读讹传，流布甚广，以至于喧宾夺主。古人定名为"秔"，显然煞费苦心，本想利用驿道的优势，为绵州本地稻米打一个"路牌广告"，然而他们忽略了"秔"字比较生僻，忽略了古汉语口语和书面语的差异。于是乎，不认识的认半边，认识的来不及核实，一片好心取定的"秔香铺"被驿道上的人们喊成了"抗香铺""炕香铺""杭香铺""亢香铺"。后来，即便稻田就在面前，过往的人们也不知道"抗香铺"是什么意思了。

故县已经成传说

游仙境内曾设有两个古县，即魏城县、盐泉县，分别存在了六七百年。这样长的"县龄"，不逊于很多今天仍"健在"的县。

北朝西魏废帝二年（553），分巴西、梓潼郡，于梓潼置潼川郡，于涪县置巴西郡，并设潼州（治涪县），如此一来，涪县成为州郡、县两级政区治地。同时分涪县地置魏城县，治今游仙区玉河镇，隶巴西郡。

魏城之名，有人附会为蜀汉大将魏延屯兵筑城；有人考证为"西魏建立之城"；另有"魏成"的写法，其义亦通，未可轻易否定。

唐宋间的魏城是蜀道重镇。《新唐书·地理志》提到绵州巴西郡条载："魏城，上。北五里有洛水堰，贞观六年引安西水入县，民甚利之；有铁、有盐。"宋乾德三年（965），王全斌伐蜀，次魏城。前方无险可守，蜀主派人送降表来魏城。知其不可为而不为，未必不是一种明智的举措。

宋人高度重视魏城在交通上的地位，今魏城有南宋通济桥碑。此碑名声在外，碑文称，"西蜀道长安、道襄汉，毕出于魏城县"。通济桥为木石混合结构，上有桥阁二十间，"丹臒辉明，气象伟杰，北道千里，行者创见"。显然，这座桥完全可以为当时的魏城县"代言"。

至于盐泉，本来是从魏城县分出来的。魏城新旧县治地相距45里，分县表明当时的中央政府对魏城盐铁资源的重视。

隋大业十年（614），魏城县从盐泉井（今玉河镇）迁治于今魏城镇，原治地盐泉井，于唐武德三年（620）另置盐泉县。"地有盐井，民得采漉，为四方贾售之地"，盐泉得名于西晋左思《蜀都赋》中的"家有盐泉之井"，从立县之始就是资源基地。

从此，游仙境内，魏城、盐泉两县并立，至元代裁撤，其间皆属绵州。

元至元二十年（1283）"省县入州"，撤销巴西、魏城、盐泉三县。裁撤的具体原因不明，不外乎以下两点：一是宋末战乱，人口凋敝；二是经过唐宋两朝的开发，魏城、盐泉的资源已近枯竭。

资源枯竭对现代人来说并不陌生，那是一种无可挽回的凋零。

沉香一语成谶，新的游仙故事是沧海桑田。铜瓦铺与沉香铺之间的部分古蜀道沉入水底，先有沉抗水库，继称仙海，眼前浩渺烟波，还不够磨合一双草鞋，这样的启示别有风味。

（郭　平）

安州：崭新的回归

位于安州区花荄镇的文星阁

2016年5月20日,绵阳市安州区正式成立,在这片土地上矗立起一座崭新的里程碑。安州之名,对安州人来讲,并不陌生——它早在750多年前就诞生在这片山、丘、坝三分天下的土地上,后因历史变迁,移址易名,安州被安县所取代。今天复称安州,可谓历史的回归吧。

在历史长河中,不论是安州,还是安县,生活在这片土地上的人们都曾目睹过其令人难忘的变迁和辉煌。

古代军事防御重地

安州区的前身即人们所熟知的安县,有着1600多年的建县历史。先秦时,安县为古羌人建立的冉駹国领地,汉武帝元封六年(前105)才纳入中原王朝的版图。三国蜀汉时期,安县为涪县(今绵阳)辖地。

安县紧邻涪县,地处龙门山脉中段,是四川盆地的"盆沿"边缘地带的重要一环,也是著名的"胡焕庸线"所经之处,安县之北便是北川、茂汶、黑水等古人所谓的"夷荒之地"。古羌人南下"抢掠",一般以原安县永安乡辕门坝关口、白马堰关口和睢水镇睢水关口为入口,南可取绵竹攻成都,东可围涪城夺剑门。反之,从古代军事防御上讲,安县是川西北阻击羌人南下的第一站,为历朝历代所重视。

东晋穆帝永和三年(347),安县境域内开始设县,侨置了益昌、晋兴、西充国三个县,属巴西郡管辖。益昌县治地在今花荄镇联丰村观斗山,观斗山在花荄平原上地势最高,像一个巨斗倒扣在地上——山上建县,易守难攻。晋兴县治地在永安镇向阳村,西充国县治地在今沸水镇场镇。东晋义熙九年(413),又在今安州区塔水镇神泉村设置西浦县,属梓潼郡管辖。

东晋时,安县境域内坐拥四处县级治所。南朝以后,县级建置撤并略有变化。至隋开皇三年(583),有金山、神泉二县,均属绵州所辖。

唐高祖武德三年(620),为加强西北边疆防务,在金山县故城今永安镇向阳村新置龙安县,这是安县历史上第一次出现"安"字。至唐高宗永淳元年(682),在益昌县故城新置西昌县,塔水镇的神泉县仍存。大唐盛世时安县地域尚存龙安、西昌、神泉三县，均为绵州辖地。

北宋熙宁五年（1072），设于花荄的西昌县撤销，并入龙安县，以壮大其县域实力。龙安县治在今永安镇向阳村，前有辕门坝关口，后有白马堰关口，更有利于阻击羌人南侵。其时，安县境内有龙安、神泉两县，均隶绵州。政和七年（1117），为了进一步加强川西北防务，割绵州的神泉、龙安二县，与茂州的石泉县合并设置石泉军，治地在北川县治城镇［今北川羌族自治县（以下简称"北川县"）禹里镇］。石泉军隶属成都府路管辖。

至南宋宝祐三年（1255），石泉军由治城镇迁至龙安县城，即今永安镇向阳村。从此，安县境域有了比县高一级别的行政机构。

到元中统五年（1264），朝廷看到安县军事防御的重要性，便将相当于州治的石泉军升格为州，取原龙安县之名的"安"字叫"安州"，治地在今永安镇向阳村，同时撤销龙安、神泉二县，其地域由州直辖，并管辖石泉县（今北川县）。安州属成都府路直辖。安州即由此而来，历史虽不长，却影响深远。

"孙孙打婆婆",暗藏着诡异的历史密码

安州跨元、明两代,仅存在110年,至明洪武七年(1374),"降州为县,始称安县"。安州降州为县的原因,史无记载,倒是安县民间有一个传说,颇耐人寻味。

据传,明洪武七年(1374)春,安州州官在南街体察民情,见一七旬老妇人背着个六岁幼童行走。幼童一边索要汤圆,一边用小手拍老妇人背部,老妇人于是戏言"孙孙打婆婆咯……"州官将婆孙带至汤圆摊前,喊来一碗汤圆,故意将筷子倒持,交给幼童。幼童接过筷子,掉转过来,吃完汤圆。州官认为小儿既知筷子上下,而不分长幼,行忤逆之事,不可饶恕,于是立案治罪。一个月后圣旨下来,判幼童绞刑,安州出此逆子,降而为县。

"孙孙打婆婆"的传说乍一听荒诞无稽,但细细琢磨又似暗藏机关。泸州神臂城为宋元古战场,城墙至今仍保存着"刘整降元"石像,表现的是宋将刘整跪伏于地向元帝乞降的画面。因年久磨蚀，后人将结辫的元帝、伏地的刘整分别讹为"婆婆""孙孙"，并附会出孙孙忤逆，殴打婆婆，后向婆婆赔罪的民间故事。泸州亦有"降州为县"的历史，巧合乎？

"孙孙打婆婆"的结果是废州为县。所废的州乃元朝所立，这就不仅仅关乎孝道人伦了。小儿既属明知故犯，则明初废州也属刻意而为。汤圆又称"浮元子"，浮元，谐音胡元。元代分天下人为四等，南方汉人身处社会底层，社会矛盾异常尖锐。看似有悖人伦的"孙孙打婆婆"，实际上是对残酷统治的影射。如此看来，古安州的消亡似也无足留恋。

从此，经历了110年的安州便改名为安县，其县城由安州故城迁至安昌镇。2002年县城再由安昌镇迁至花荄镇。

安县这一名称从明朝延续到2016年，共641年。

文星降临耀星空

一部县史就是一部文化史。清代《安县志》载,早在宋代宝庆年间,安县一举出了三名进士,名噪一时。明洪武、万历、崇祯年间相继有中进士的。但从明末到清嘉庆初近两百年间,安县当地人再无人考中进士。

清道光十六年(1836),安县东厢花街场(民国时改花街为花荄)士绅有感于当地两百年间无人高中甲榜,遂联名向县令彭作籍倡议,募资修建一座聚文气、镇风水的楼阁,以接天上文曲星之灵气,兴文教化,广出人才。彭县令顺应倡议,主持建成"文星阁"。

清光绪年间,文星阁经两次增建,由原来的1层增至13层,成为28米的塔式建筑,改名文星塔,形如一只饱蘸浓墨的毛笔头直插云霄,作为安县地标性建筑屹立至今。

阁成不久,安县果然文运大转。清同治年间,安县人林生泽、李岷琛先后考中进士，并入翰林院，其后当地人文蔚起。

近现代以来，安县文星高照，诞生了中国作家协会副主席、著名作家沙汀，还有中国民间文艺研究会顾问、著名民间文学家萧崇素，中国社会科学院文学研究所研究员、教授，国内著名的古典文学专家吴庚舜等文化名人。

（张清儒）

江油：因水得名，从大山走入平原

江油李白纪念馆

今天的江油市，由历史上的江油、彰明两县合并而来。自东汉建武元年（25）在今雁门镇（一说小溪坝阴平村）设置德阳县以来，迄今已有1997年的历史。因其特殊的地理位置和厚重的历史文化底蕴，素有"李白故里，九寨门户，蜀道咽喉，华夏诗城"之称。

三国重镇，涪江所由

东汉建安二十四年（219），取得西川、自领益州牧的刘备，为防备曹魏军事进攻而在今平武县南坝镇设置"江由戍"（后世俗称"江油关"）。此"江由"名称之滥觞，据明人曹学佺《蜀中名胜记》的解释，为"江水所由矣"，即涪江由来的地方。"由""油"同音，东晋《华阳国志》作"江油"后，逐渐统一称"江油"。设立时并不起眼的小小驻军之地，后来却成为改变历史进程的重要关口。蜀汉炎兴元年（263），魏征西将军邓艾偷渡阴平，奇袭江油关，蜀守将马邈不战而降。后邓艾率军势如破竹，

直取成都，蜀后主刘禅请降，蜀汉遂亡。江油关也因关系到蜀汉存亡的这一段史实而一举闻名。

在设置江油关两百多年之后，北魏宣武帝正始二年（505），即梁武帝天监四年，宣武帝任命时为汉中太守的梁朝降将平南将军、豫州刺史夏侯道率兵入蜀，占据梁州十四郡地，于今平武县南坝设置江油郡、县。南宋理宗宝祐六年（1258），因蒙古军队南侵，江油县治随龙州迁至雍村（即今江油市大康镇旧县坝）。元至元二十二年（1285），江油县城毁于兵燹。元至正二十三年（1363）复置江油县于兴教镇（今武都镇），隶属剑州。明嘉靖四十五年（1566）改隶龙安府，成为龙属四县之一。自清代中期之后，因龙安知府常驻江油县城武都，武都实际取代平武县龙安镇成为龙安府的政治中心。

悠悠古彰明，诗仙诞生地

比之江油，彰明县位于下游，距传统蜀道金牛道更近，故而历史人文更为丰富。彰明初名汉昌，晋泰始年间自白沙戍（今湖南省湘阴县北）侨置于今江油市青莲镇。南北朝梁大同四年（538）至西魏废帝元年（552）迁治于今彰明镇北江村桥院寺一带。西魏废帝二年（553）改为昌隆县，迁治于孟津里（今彰明镇）。唐先天元年（712）避玄宗皇帝名讳而改为昌明，五代后唐同光元年（923）改为彰明。其后经宋、元、明、清，屡有兴废变革，"彰明"县名一直沿用至1958年与江油县合并为止。彰明县地处四川第二大平原江彰平原的腹地，虽属川西小县，但远较江油县地势平坦、经济富庶，更因在唐代出了一位"绣口一吐，就是半个盛唐"的超级名人而声名远播。

唐中宗神龙元年（705），李白父亲逃归四川，客居绵州昌隆县清廉乡（今江油市青莲镇），李白遂生于此。出生之时，母亲长庚入梦，故取名为白，字太白。据传，李白青少年时期曾在昌明县衙做过文书小吏，后隐居于大、小匡山读书。读书之余，苦练剑术，并与戴天山道士和雍尊师交游，写下了《访戴天山道士不遇》和《寻雍尊师隐居》等诗作。随着年龄和阅历的增长，李白的思想和性格逐渐成熟，在《别匡山》诗中，表露了"莫怪无心恋清境，已将书剑许明时"的心境，虽然他对故乡的山水有着深情的

眷恋，但仍然决心去开创一番事业。唐开元十二年（724），李白离别故土，四方游历，再未回到过家乡。李白功名崚嶒，一生坎坷，虽然未能实现远大的政治理想，但其旷世诗才却让他站在了盛唐诗歌艺术的巅峰。

清代水陆码头，民国四川名镇

老江油之境域大部分为山区，地瘠民贫，且迭遭战乱，故一千多年来，县城逐步南移，似一位持重的老生，吟唱着古老的诗歌，沿着涪江缓缓从大山走入平原。1951年5月，江油县城从武都迁至中坝镇。1958年9月，江油、彰明两县合并为江彰县。次年4月，更名为江油县；1988年，江油撤县建市。至此，彰明不彰，江油大光。

江油城区原由中坝、三合、太平三镇组成，其中中坝处于核心位置，且尤为著名。中坝地处涪江冲积平原，地势平坦，土地肥沃，东依涪江，西有昌明河穿城而过，因其地形如船，两面皆水，故称中坝。

它始建于元惠宗时期，原址位于罗汉坝，明末毁于战火，清康熙三年（1664）重建于今址。清道光年间的江油县令桂星在《中坝场记》中说："上通陕、甘，下极闽、广，西北至松、茂，东南届潼、保。凡山之珍，海之错，陆之土药，水之广货，滇楚之布、葛、铜、锡，雍兖之枣、粟、柟、菌，舟运车负，罔不毕集。且其地又产附子，为直省所仅有。"旧时的中坝店铺林立、商贾云集，为当时全国最大的附片集散地，本地特产中坝酱油远销成都、重庆，享誉巴蜀。中坝码头运输繁忙，货船在江上日夜穿梭，上接涪江上游的平武，下达重庆。清雍正九年（1731）设中坝巡检司，管理中坝场及近乡的行政事务。清嘉庆五年（1800），为抵御兵匪，中坝士绅自筹资金修筑城墙，设大小东门与西门，形似神龟，周长约4千米。中坝虽为副县级行政级别，但其城市规模和经济繁荣程度却超过了县城武都，故在清代有"小成都"之称，民国时期亦为四川四大名镇和五大药材集散地之一。

1913年，设中坝场团防局，代理行政事务，维持地方治安并兼管商务。1925年改坝场为中坝镇。1935年红四方面军进驻江油时，曾建立中坝市苏维埃政府。1949年12月22日江油县解放。1951年5月，县城由武都迁至中坝,自此中坝成为江油的政治、经济、文化中心。

1954年,宝成铁路通车后,江油逐渐形成新的城市区域,并相继兴建了一批工矿企业,城区面积大规模拓展。1964年,中坝涪江大桥竣工通车,成为连接涪江东岸工矿区和西岸文化商贸区的纽带。1978年后,城市建设进入新的发展时期。20世纪90年代在实施旧城改造的同时,城区开始沿城北、城南和昌明河以西扩展,城市发展重心逐渐南移。2008年汶川特大地震后,开发建设了明月新城。

2018年7月20日,中坝镇撤销,中坝街道办事处成立,标志着江油城市化进程翻开了新的一页。

(谢小东)

梓州：那些因移江而固定下来的盛唐流风

梓江与潼川古城（吕玉洪　摄）

在川东北的土地上，有一座古老的城市，其繁华程度在唐宋时期曾比肩成都，这座因"梓潼水"而得名的城市就是梓州（今三台）。

梓州的由来

这里为什么要以梓潼水命名呢？梓潼水又名潼江、梓江、五妇水、驰水等，上游主要在江油境内，为"潼江"，中游主要在梓潼、三台境内，多称"梓潼"（也称潼江），下游主要在盐亭、遂宁的射洪境内，为"梓江"。

梓江，不是古人眼里渺茫不能溯其源的大江大河，也不是赶个考走个远房亲戚就能穷尽其所有的山溪山沟。像梓江这样的河流，不复杂也不简单，她把这块土地上所有的变迁都看在眼里，记在心上。隋开皇十八年（598），梓州取代了自南北朝以来那些个匆匆而过的地名，在唐宋璀璨的天空下，延续了近500年。

隋代梓州，治城今潼川镇，统郪县、射洪、盐亭、通泉、飞乌5县。隋炀帝杨广继位后，将州改为郡，实行郡县二级制，大业三年（607）改梓州为新城郡，改昌城县为郪县，郪县为郡治。初唐，把郡改为州，实行州县二级制，武德元年（618）唐高祖撤新城郡复名梓州，领郪、射洪、盐亭、飞乌4县。武德三年（621），又以益州玄武（今中江县）来属。武德四年（622），又置永泰县。调露元年（679），置铜山县。天宝元年（742）改为梓潼郡。至德二年（757）于梓潼郡置剑南东川节度。最辉煌的时候辖15州89县。至德三年（758）复为梓州，郪县仍为州治，同时为剑南东川节度使治所。五代前蜀永平四年（914）改剑南东川节度为武德军节度，以梓州为治所。

北宋初年，这里称梓州、梓潼郡，剑南东川节度；乾德四年（966），改武德军为静戎军；太平兴国三年（978）改为静安军；端拱二年（989）改静安军为东川节度。北宋咸平四年（1001）分峡路置益、梓、利、夔4路。梓州路治梓州，辖11州、2军、1监，49县。大中祥符四年（1011）改东川节度为静安军节度；元丰三年（1080）改静安军节度为剑南东川节度。梓州路、剑南东川节度（东川节度、静安军节度）、梓州同治郪县，直至重和元年（1118）升梓州

为潼川府,梓州才毅然退出历史舞台,将使命交托于后世。

一路走来,她沿袭着坦荡、厚重的秉性,同时也经历着辉煌和灾难、霸气和圆柔、战乱和安适、喧嚣和静谧……

梓州移江记

梓州由梓江而得名,却长期困扰于一条更大的江——涪江。梓江很像一个温纯的乡间儒生,涪江却像个不拘礼数的豪客。

涪江源自岷山主峰雪宝顶的一线融雪,流经绵阳市区后,进入绵阳市三台县境,转向东南,经芦溪镇、花园镇、刘营镇、灵兴镇、新德镇,流入县城潼川镇,涪江在三台县城以北的长坪盐井村向东折了个90°的大弯,由东塔山下流过三台县城东北方,像是对古老的梓州不屑一顾。然而一千多年以前,涪江却是从盐井村直迫三台城下。

唐人孙樵《移江记》载,唐时的梓州城靠近涪江,每到夏秋季节,洪水暴涨,环绕州城,狂浪涌向岸边高地,河堤冲溃,洪水入城,像猛兽一样暴虐地冲刷着城郭民居,年年淹毙百姓。唐开成四年(839),荥阳公郑复出任剑南东川节度使,他听说原观察使开凿江东面的空地,设为新江,使其向东北流五里,再汇合东流。权衡之下,郑复对利用堤坝土丘改变原来的江流,使水道远离城市以治理水患的构想颇为认可,于是决定大干一场。

开成五年(840),郑复命令三千士兵开凿引水。士兵动工三个月,但进展缓慢,各种负面言论甚嚣尘上,民众的抵触情绪也弥漫开来。郑复虚心采纳进言,吸取前任地方官意志不坚定以至于"辍议而罢"的教训,以铁的手腕、铁的意志贯彻开江的决定,甚至不惜杖毙公开反对者,并趁机以政令告知百姓,开凿新江不是地方官的私事,而是为了本地百姓摆脱洪患而做的,再有异议者,仍将被处死。

郑复充分把握了百姓对官府和水患的双重敬畏,使人心趋同,形成合力。这样一来,新江很快就修成了,郑复高兴地巡视现场,赏赐所有的士兵,感叹道:"杂议不阻止,新江就不能修好呀。"新江共长1500米,其宽为300米,深为43米,盘堤已经修高,旧江变成了旱地,共计田五百亩。

当年七月,果然暴发洪水了,虽然涨过了部分陆地,却不能伤及百姓。荥阳公郑复开新江护城安民这一壮举得到了老百姓的称颂!

郑复开涪江后,三台下游的蓬溪县主簿、著名诗人贾岛作有《郑尚书新开涪江二首》颂其政绩:"岸凿青山破,江开白浪寒。日沉源出海,春至草生滩。梓匠防波溢,蓬仙畏水干。从今疏决后,任雨滞峰峦。不侵南亩务,已拔北江流。涪水方移岸,浔阳有到舟。潭澄初捣药,波动乍垂钩。山可疏三里,从知历亿秋。"

如今三台北坝已是一座高楼林立的繁华新城,这里三分之一的土地就是唐朝的涪江故道在开城移江后所形成的。另开新江古为今用,既是古代治江防洪的一次壮举,又为当今三台经济社会发展创造了良好条件。

诗意古梓州

"潼川绕郭多名胜,都在少陵诗句中。"梓州如诗如画的山川河流,美轮美奂的名胜古迹,引来唐宋诗人无数神来之笔,留下众多名篇佳句,流传后世。

唐宝应元年(762)秋七月至广德二年(764)春三月,唐代伟大现实主义诗人杜甫因避成都少尹兼侍御史徐知道在成都起兵叛乱而流寓梓州期间,留下了平静悠然的山水诗篇。

宝应元年秋,诗人杜甫刚到梓州不久,时值重阳节,想到长期漂泊,亲人阻隔,无限感慨而作《九日登梓州城》,"弟妹悲歌里,朝廷醉眼中",家国之悲,溢于言表。

是年冬,杜甫陪友人登山泛舟,作《陪王侍御同登东山最高顶宴姚通泉晚携酒泛江》,措辞含蓄得体,告诫宾主不要过于沉湎于游宴。

广德元年(763)春,闻唐军收复河南河北,欣喜若狂,写下了千古绝唱《闻官军收河南河北》,被誉

为"第一快诗"。

不久,杜甫听说军事危急,深感回乡梦杳,"行路难如此",遂有《远游》诗中"贱子何人记,迷芳著处家""似闻胡骑走,失喜问京华",一起一结,忧喜不定的惊惶情绪。

还是这一年春天,杜甫陪同四位知州游览慧义寺(今三台琴泉寺),见长平山势高秀,寺景幽蔚,忍不住赞叹道:"春日无人境,虚空不住天。莺花随世界,楼阁寄山巅。"又在郪县(今郪江镇)送李、武二人俱往成都,作《郪城西原送李判官兄武判官弟赴成都府》。夏,上兜率寺(遗址在今三台县城的印盒山上),触景生情而作《上兜率寺》。

梓州,给了杜甫飘零孤苦人生中难得的一段安定时光,诗人在此留下了近150首诗作,记录下了唐代梓州大地自然之美的诗画风光。后世之人围绕这些华章,踏寻历史印迹,缅怀诗圣杜甫。明代隆庆年间参知梁尚贤、宪使王元德捐资,托潼川刺史张辉南建杜甫草堂于牛头山顶。自此,牛头山,因杜甫草堂而游人如织;三台,因诗圣悠然的山水诗篇,而更富有诗意。

(喻月嫦 冉进财)

潼川：以水命名，辉煌八百载

潼川古城墙与城门（刘华伟　摄）

与潼川有关的辉煌和厚重停留在古籍里,这段历史太久远了,远到只能从浩瀚的文字里去捕捉,去抚摸,去感知历史尘烟的一声一息。偶尔回望,久久凝视,万般思绪亦难以勾勒其繁华、伟岸、厚重、喧嚣和静谧……

潼川身世之谜

北宋重和元年(1118),梓州改为潼川府,梓州路也变成了潼川府路,潼川府、潼川府路均治郪县。为什么要改名为潼川呢?在古代,对于一个地方的命名颇有讲究,也有矩可循,不外乎以方位、以山、以水、以形、以事命名,抑或以具体地理实体为名等。梓州以梓潼水命名,那么潼川呢?《华阳国志》载:"郪为江名,以此名县,犹梓州、潼川以梓潼水名也。"寥寥数字道出了郪县、梓州、潼川得名的缘由。梓潼水即梓江,又名潼水、驰水、五妇水、射江等,"皆随地异名"。

潼川府路曾经辖潼川府、顺庆府等2府9州3军

1监，潼川府辖郪县、涪城等10县。南宋乾道六年（1170），潼川府路治所从郪县迁往泸州。

元世祖中统二年（1261），潼川府路改为潼川路，元至元二十年（1283）撤潼川路，将涪城县并入郪县。

明洪武九年（1376）改潼川府为潼川州，同时撤郪县并入潼川州，此时三台境内无县级行政机构，今三台由潼川州直管，潼川州辖射洪、中江、盐亭、蓬溪、遂宁、安岳、乐至、潼南8个县。清雍正十二年（1734）潼川州升为潼川府，在原潼川州直辖地设三台县，潼川府辖三台、射洪、中江、盐亭、蓬溪、遂宁、安岳、乐至、潼南9个县。

至民国二年（1913）潼川府撤销，潼川延续了800年。

潼川筑城记

古人将城市描述为"聚之为村，易而为市，置镇于三江口岸，筑城于通衢要道……"，历朝历代都重视对城市的修筑。西汉高祖六年（前201）设郪县，县城所在地在今郪江镇，郪县是今三台境内第一个县级行政机构。东汉时，今三台县城所在地还仅仅是一个叫平阳的小乡。南朝刘宋时在此修建北伍城县县城，左带涪水，右挟中江，居水陆之要冲，之后今三台县城为县、州、郡、府、路治所。县城虽经历朝历代官员培修、改建、扩建，城隍设施、城市规模等有所变化，但城池基址至今未变。

北宋时期先后有卢知原、李至等修城，但城垣多系土筑，极易损毁。南宋嘉泰元年（1201），潼川府提刑王勋于城东筑堤3601尺（约1000米）防洪。南宋嘉定八年（1215），四川简阳人许奕任潼川知府，到任后见城墙年久失修，日晒雨淋倒塌太甚，基本失去防御功能，遂加以新建，但仍为土筑。

宋元时期，每到夏秋时节，涪江、凯江江水暴涨，洪水肆虐，损坏庄稼，伤害百姓，冲刷城郭。旧志记载，宋元时期，涪江、凯江特大洪水就达十余次之多，潼川府城在毁废和培修中循环。

明朝天顺年间，广东始兴人谭道生出任潼川州知州，在任七年，廉洁为官，做事干练。他深感州城损毁严重，于是"代石更修"，在原州城旧址上筑起

"高一丈六尺，周九里，计一千六百二十丈"的石头城。其后潼川州知州江苏武进人蒋容在此基础上又对州城的布局以及河道、堤防等设施进行了完善和扩建。钱轮任潼川州知州时重加疏凿，又于城东筑堤三十余丈（100多米）以抵御水患。

明嘉靖年间，云南鹤庆人赵德宏任潼川州知州，在任期间对州城进行加固、扩建，并完善州城功能，作《修城碑记》："州城高一丈六尺，周九里，状若蛇盘。计一千六百二十丈，石拱四门，东曰东流，南曰南薰，西曰通蜀，北曰川北，谯楼重檐，墙飞女堞。环城有池，阔四丈，引西溪九曲水注其中。又于城东砌石堤防洪，植柳万株于其外。"赵德宏筑潼川城为今三台县城奠定了基础。

清乾隆三十二年（1767）知县徐世楹修城，《修城记》载："城高一丈四尺，厚六尺，墩高一丈七尺，周九里三分，计一千三百二十八丈一尺，炮台九垛，堞口二千零五十三个。仍为四门，四谯楼：东曰凤山，南曰印台，西曰龙顶，北曰涪江。东门至西门二里而强，南门至北门三里而强，城东砌石堤，高二丈五尺，长三十五丈，名曰万年堤。"西门与东门相对，直出拱向三台山。又改建西门（今老西门），逼

近牛头山，而旧西门废。万年堤成为护卫府城及百姓的一道坚固屏障。清乾隆四十七年（1782）六月，山洪暴发，涪江水暴涨，洪水高丈余，越过万年堤，从城门门缝中涌入府城，潼川府城大半被淹，一片汪洋，百姓纷纷爬上城墙躲避洪水，潼川府城经受住了考验。

清咸丰元年（1851），潼川知府杨玉堂重修旧西门，历时两年竣工，名曰来仪门，县城始有五门。今天的新西门实为旧西门原址。

一路走来，潼川古城辉煌与灾难、喧嚣与静谧交织，一座座现代化高楼拔地而起，古城流韵萦绕在楼宇间，钢筋混凝土的城市早已突破了潼川古城的规模，留存至今的东城门、南城门及2000余米长的城墙傲然矗立，诉说着过往的繁华与沧桑。

潼川余韵耀三台

三台依偎在母亲河涪江、凯江的怀抱里，在这个承载着2000多年厚重历史人文的土地上繁衍生息，古郪国、郪县、北伍城县、涪城县、梓州、潼川，像匆匆而去的过客，在这里有过或长或短的停留，他们的足迹布满了2600多平方千米的每一寸土地。潼川从北宋重和元年（1118）首次出现，到民国二年（1913）消失，历经八百载，岁月斑驳了古城墙，流逝了光阴，却飞逝不了繁华、伟岸、厚重、喧嚣和静谧，其余韵深深地扎根于这片土地。

史料记载，宋朝以迄明清，三台考中进士的就有80余人；明清时期，有270余人中举。绵阳市历史上唯一的状元苏易简，官至给事中、参知政事，其祖上入川后，世居今柳池镇清溪村，当地建有苏易简纪念馆。元朝御史赵成庆，官至兵部尚书，以忠孝传家。赵成庆死后，葬在今东塔镇东林村石马湾，墓旁立有赵成庆给后人的《遗训碑》："现在福不可过用，过用则易尽。未来福不可不修，不修则无继。"被誉为元初三大书法家之一的涪城县（治今三台县花园镇）人邓文原，政绩卓著，为一代廉吏。生于清咸丰五年（1855）的陈开沚开创了四川机械化缫丝之先河。如今，千百年过去了，潼川历代前贤的芳躅依然清晰。

涪江对岸的东山是历代文人墨客饮酒吟诗作赋之地，始建于明朝万历年间高24米的楼阁式东塔，矗立山巅，山腰石碑上的书法或洒脱飘逸，或古朴遒劲，苏母教子的故事感染着一代又一代人，薛涛与元稹的爱情成为千古佳话。"紫气映东山，人和物阜；文光联北极，凤舞鹰扬。"建于清朝嘉庆年间的北塔与东塔遥相呼应，注视着古城的变迁，将风光尽收眼底。

蜀中第二大道教圣地云台观是问道的极佳去处，距离古郪国都城2千米，始建于南宋，现存建筑多为明清遗存，殿堂、楼阁、长廊、华表、铜钟、匾联，尽显古朴，众多未解之谜等待人们去探寻、去触碰、去品读……

（冉进财　喻月嫦）

盐亭：界分巴蜀的兴旺与衰落

盐亭县嫘祖镇田园风光

今天盐亭的地理位置似乎无关紧要，可在旧时，按历史掌故先生的说法：也曾经阔过。盐亭不但阔过，还阔得不行。它管过三台、射洪、蓬溪、遂宁，信不？不信，且听我闲话盐亭。

出蜀通道，川北锁钥

唐宋时期，今盐亭县境有盐亭、东关、永泰（慰司）三个县级单位，同属梓州。元至正二十年（1360），东关、永泰并入盐亭，属潼川府。按此三县在盐地域，设安居、乐平、永贤三乡，此之谓"东割永泰，南合东关"，现代盐亭版图由此成形。明清沿袭，边界乡镇时有微调，如秋林划归三台，富驿曾投南部。

盐亭地理，志称"介潼绵果阆之间，居然锁钥，远西秦北燕之道，俨若咽喉"。潼绵果阆，即指盐亭位于潼川府（三台）、绵州、果州（南充）、阆州（保宁府）交界之地。俨若咽喉，即凡从川北来成都的路线分两条：一条是金牛道经剑门关走梓潼；一条是由米仓道西线过盐亭（可北接巴中南江的米仓古道，也可经阆中由古嘉陵水道接广元），再经三台、中江一线抵成都，这条潼川府至保宁府的古驿道，以盐亭为要冲，俨然省道"唐巴公路"的古代版。

这条古道与人们心目中的传统入蜀大道——金牛道有密切的联系。

四川与中国治乱密切相关。每到战争时期，西隅的金牛道不通，中路的盐亭便成了出蜀的当道口，横遏川北，居然锁钥。传说张飞镇巴，考察蜀中地形，在盐亭富驿依山形地利建关立隘，作为巴州失守之后的运筹，这便是富驿"雄关"的由来。富驿桓侯庙曾有"威镇雄关"的牌匾。

盐亭被称"川北锁钥"，绝非浪得虚名。南过盐亭，皆低山浅丘，一马平川的成都平原，蜀中再无险可守。

梁魏争边，高渠保障

据蜀学大师蒙文通的研究，盐亭曾经有两个时期在历史上处于非常重要的军事前线，一是古巴蜀时期，二是南北朝时期。

盐亭西北部在汉朝属广汉郡涪县，东南属广汉县。这是盐亭归属绵阳的开始。两晋与南北朝阶段，盐亭境内郡县林立，侨县与实县并存。乱世小国兴替频繁，大大抬升了盐亭的地位，境内先后有西宕渠郡、北宕渠郡、盐亭郡、高渠郡。

蒙文通考证，东晋义熙元年（405），迁万安县治至古潺亭之地，于灵江东近盐井处置县，仍名万安，是盐亭境内置县之始。据此，盐亭境内置县迄今已有1600余年。

南朝元嘉十九年（442），于今盐亭县毛公乡许家坝侨置宕渠县（原县在今渠县境内）和西宕渠郡，领4县。《齐志》载西宕渠有东关县（今金鸡，东关县建县之始），梁魏时废。梁大同元年（535），改西宕渠郡为实郡，仍名西宕渠郡，是为县境州郡建置之始。又分广汉县新置北宕渠郡，于灵江之东盐井亭置潺亭县，作为北宕渠郡郡治。

南北朝时的"梁魏争边"双方在今涪江、嘉陵江流域之间往来拉锯，反复争夺，今盐亭县全境尤为冲突的焦点区域，历时近30年。西魏恭帝元年（554）改置州、郡及县，因潺亭境内多盐井，盐卤出产丰富，以井为名，郡县俱名盐亭。这是历史上第一次出现郡县名"盐亭"。

北周继承西魏版图，为巩固西川，于保定二年（562），以盐亭水（弥江、灵江）为界，在负戴山下建高渠郡、（高渠）县。蒙文通主张盐亭史上不存在"北宕渠"，认为北宕渠即高渠，故古今相传，盐亭原来叫高渠。实际上是先有盐亭，后有高渠。盐亭郡及盐亭县是南朝梁国建立，高渠郡及高渠县是北朝西魏、北周所筑，隋统一后，将高渠郡、县相继并入盐亭，所谓"西并高渠"是也。

南北朝争边的战争造成盐亭人口流失，土地荒芜，故隋时很多世家大户迁入盐亭置业。像唐朝名臣李义府、严震，皆在隋时由其祖父定居盐亭，赖盐业蚕桑之利殷实，成一方世族。其中严震一家，节度使三，进士七，地方州县级官员无算，为唐朝蜀中第一世家。诗圣杜甫都不由叹服、为之长歌意无极："全蜀多名士，严家聚德星。"

盐亭县境南北朝时期争边与战乱的历史，不仅界分了巴蜀的兴旺与衰落，更是当时国家战争与统一的缩影。

雄镇边关,界分巴蜀

盐亭得名,一字源于盐,一字源于亭。因于古巴蜀时期盐井与潺亭,你说得名久远不?关于盐亭的早期重要信息,志载有二:

一是古为土著賨(cóng)人,巴之板楯(shǔn)蛮。

这说明盐亭早期为巴所据,《华阳国志·巴志》称:"巴师勇锐,歌舞以凌殷人,前徒倒戈,故世称之曰:武王代纣,前歌后舞也。武王既克殷,以其宗姬封于巴。"巴人勇猛,能远赴中原充雇佣军,也能在家与蜀互掐,有时还与蜀瓜分其他小国。巴人以渔猎为生,长于制盐。今人将盐称为盐巴,都因于巴国。盐亭,当然产盐。巴人在盐亭境内开发了盐井,制作岩盐。

楚国逐渐强大,不断向西压迫巴人。《华阳国志·巴志》:"巴子时虽都江州(重庆),或治垫江(合川),或治平都(丰都),后治阆中。"巴国不断西迁，吞灭充国等小国，定都阆中。爆发了与西边大国蜀国的矛盾。

二是古蜀国时，侯、甸、男、卫及其后裔就在这里画地筑城，进行卤盐的开采和栽桑养蚕。

蜀吞并郪，与巴争战，夺取了盐亭一带的土地与盐井。侯、甸、男、卫是早期服役制度。侯、卫两服是服兵役的，甸是生产的，男是服劳役的。古蜀国时，各种服兵役、劳役、徭役的人员及其后裔就在盐亭这样的巴蜀边境上划地筑城，开采卤盐和栽桑养蚕等。盐亭境内本有巴人所建盐井亭，因采盐而兴，蜀人在盐井亭周边汇聚而居，实后世立郡置县之先声。

《华阳国志·巴志》："秦惠文王与巴、蜀为好。蜀王弟苴私亲于巴。巴蜀世战争，周慎王五年，蜀王伐苴侯。苴侯奔巴。巴为求救于秦。秦惠文王遣张仪、司马错救苴、巴。遂伐蜀，灭之。"

这个时期的盐亭刚好处在巴、蜀与苴（蜀辖地）三地之间。蜀国在今县境内弥江（古称潺水或盐亭水）建烽火亭，设"亭候"，用于观察敌情和守备，称为潺亭。时为蜀国边境前沿重镇。《蒙文通中国古代民族史讲义》中的巴蜀分界篇指出，古代巴蜀两国大致沿今天的剑阁、盐亭、射洪、蓬溪、潼南延伸至

隆昌、江安一线分界。东为巴，西为蜀。

蒙文通曾语："秦汉之世，亭有二制。一篇乡亭，一篇边境之亭候。潺亭殆蜀境邻巴之亭候耶。"亭候，是先秦时期边境上用以瞭望和监视敌情的岗亭、土堡。实际上不止于此。乡亭兼警区、邮局的功能。边境亭候则是规模更大的"边境警备区"，类似今天的军区（战时即为战区），有着国家的边防、警备、谍侦等综合军事功能，同时兼具边地开发、流民安置、卤盐开采、栽桑养蚕的政区功能。早在"古蜀国时，诸侯甸男卫及其后裔"就在潺亭生活，秦汉皆为潺亭（蒙文通《汉潺亭考》言：梁以上盐亭原为潺亭，此殆后人妄改之失）。

那么蜀国这个"潺亭边区"有多大的纵深面积呢？

《太平寰宇记》载：梓州，《禹贡》梁州之域，秦为蜀国盐亭地。就是后来梓州差不多都属潺亭边区的面积，包括今盐亭、三台、射洪、蓬溪、遂宁等，基本囊括了巴与蜀在四川盆地的正面接壤地区。如《蓬溪建置沿革》述"秦灭蜀置为郡，东境涪水之涯有盐亭焉，民赖井盐之饶……广汉、郪皆秦盐亭地（属地），属广汉郡，西部于益州"，可以佐证。

这显然是盐亭在历史上版图最辉煌的时代。

2018年底,绵西高速通车,在盐亭腹地与成巴高速十字交叉,一改盐亭几百年的偏僻。盐亭,显然又要界分巴蜀大地新的辉煌。

(陈　龙)

梓潼：接"天气"，更接地气

梓潼县七曲山大庙（杨茂林　摄）

梓潼因树因江得名。《太平寰宇记》载："因县域东倚梓林，西枕潼水，而名梓潼焉。"梓潼"地联秦关，路当扼蜀"，北扼剑门，南控涪江，号称"扼控三巴，益州衿领"，是古蜀国北部门户，古蜀道金牛道北南横贯其中，石牛粪金、明皇闻铃等历史故事和传说点缀着梓潼的千年面容，司马相如、李商隐、谢无量、贺敬之等古今文化名人为梓潼留墨添彩，文昌祭祀、洞经音乐、梓潼年画、大新花灯、美食三绝等地域文化异彩纷呈。

县或立于秦，五度为郡治

秦昭襄王六年（前301年），秦国在蜀地置巴、蜀二郡，各辖县若干，此为四川地区建置郡县之始。早期设县的详情有待考证。据《汉书·高帝纪》，"汉王王巴、蜀、汉中四十一县"，但目前有据可考者仅十九县。从梓潼所处地理位置、巴蜀早期县治地分布特点，并结合一些传说故事来看，梓潼极有可能在四十一县之列，是巴蜀地区第一批设县之地。西汉高帝六年（前201）置广汉郡，领十三县，梓潼始赫然见于记载，此为有据可考梓潼置县之始。

梓潼县名沿用至今，仅王莽篡汉时，一度改名子同。西魏废帝二年（553）至隋大业三年（607），曾易名安寿。此外，虽迁移并析不定，但县名再无变更。

梓潼曾经五度为郡治所。一是西汉高帝六年（前201）分巴郡、割蜀郡之地，在梓潼设广汉郡，史称"分巴割蜀以置广汉"。下辖梓潼、什邡、涪、绵竹、葭萌、郪、新都、白水、甸氐道、刚氐道、阴平道等县道。二是初始元年（8）王莽篡汉，为避"汉"字，将广汉郡改名子同郡。东汉建武元年（25），公孙述据蜀，建"大成国"，将子同郡改名就都郡，梓潼县仍置，为就都郡治地。三是东汉建安二十二年（217）分广汉郡之地，在梓潼置梓潼郡，分辖梓潼、剑阁、汉德、涪县、汉寿、昭欢、白水等县。四是梁天监四年（505），北魏尚书邢峦入蜀，夺得南梁之梁、益二州十四郡之地，在梓潼设梓潼郡，隶属东益州。五是西魏废帝二年（553），大将军尉迟回伐蜀，在梓潼置潼州郡（又名潼川郡、东川郡），隶属益州大都督始州。

地当冲要，隶属关系频繁变更

古人云："天下未乱蜀先乱，天下已定蜀未定。"定蜀即得天下，这样的"故事"在历史上多次上演。梓潼"陡去平来"，为北路入蜀的必经之地，过此无险，故其得失对于四川的大局具有公告牌的作用。

由于历朝历代建制的变化，梓潼县隶属关系也随之频繁变化。

秦属蜀郡；西汉属广汉郡；东汉属就都郡、广汉郡；三国至魏晋南北朝属梓潼郡；南北朝末期至隋，属潼州郡，又名潼川郡、东川郡；唐至北宋属利州、剑州；南宋属普安军、隆庆府；元属剑州、保宁府；明属剑州；清属剑州、绵州；民初为川军六旅刘军、川军二十一师田颂尧防区；后属四川省府；民国二十四年（1935）四月，中国工农红军第四方面军攻占梓潼，在县境内设置梓潼、百顷、重华3个县级苏维埃政府，隶属川陕省苏维埃政府；红军撤离后，隶属四川省第十三行政督察区（治绵阳）；1949年中华

人民共和国成立后,隶属绵阳专区;1985年,梓潼隶属改制后的绵阳市。

接"天气"的文昌文化

梓潼,自西汉高帝六年(前201)始置县至今已2200余年,见证了中国政治沉浮、经济变迁、军事动荡、文化蕴积等社会发展进程。经过漫长的历史选择,梓潼成为文昌祖庭,绝非偶然。

《明史·吉礼四》称:"(梓潼)神姓张,名亚子,居蜀七曲山。仕晋战没,人为立庙。唐、宋屡封至英显王。道家谓帝命梓潼掌文昌府事及人间禄籍,故元加号为帝君,而天下学校亦有祠祀者。景泰中,因京师旧庙辟而新之,岁以二月三日生辰,遣祭。"由此约略可见梓潼神由英雄而神祇、文昌星由天星而帝号的封神过程。文昌崇拜的成型、定型过程反映了战乱时期人心趋和、和平时期人心向学的美好愿景。

明代一度以"梓潼显灵于蜀,庙食其地为宜,文昌六星与之无涉,宜敕罢免"为由,废除文昌祭祀。

清代乾嘉以降，政权渐趋巩固，为笼络人心，遵从并引导汉人的"泛神崇拜"，文昌崇拜即在这样的历史背景下得以恢复，并扩散至全国。自清乾隆四十四年（1779）始，文昌帝君每年享春秋两祭；清咸丰六年（1856），文昌祭祀"升入中祀，添设舞佾"，纳入国家礼部祭典。文昌祭祀一步步进入鼎盛时期。

随着明清时期科举制度的逐步完备，读书提高素质，科举改变人生，成为当时社会公认的价值观。文昌以文化、人文精神为内核，以宗教仪式为载体，至今香火不衰。

接"地气"的梓潼美食

梓潼饮食文化的特点在于接地气。酥饼、镶碗、片粉有"梓潼三绝"之称。

酥饼以面粉、化猪油、菜油、砂糖、芝麻为主要原料。头道面粉做发酵面，与干面混合拌匀，不再发酵；二道面与花生油和面，加入糖或食盐、花椒粉揉制成饼胚，烘烤至发脆。烤后加压、冷却、摊开、撅平,即为成品。饼色黄亮,酥脆化渣且耐久贮,以制作精细、风味独特而驰名。

梓潼民间有玄宗幸蜀选酥饼为贡品的传说,其实酥饼兼具秦人的实惠和蜀人的精细,恰是唐宋以来秦人不断南迁入蜀的移民史的活证。其别称"薄脆子",颇有唐宋遗风。

镶碗以鸡蛋、淀粉、豆腐、精肉和羹料木耳、黄花、时令蔬菜等制成,蛋清、蛋黄、肉末分层搭配,置于大碗,黄白可爱,色、香、味兼具,营养可口,有淡雅风韵而无骄娇之气,可谓"田席"大菜。据梓潼学者的考证,镶碗产生于驿道"接官"传统。这道菜纯用普通菜品,做出了适宜外来游宦者的口味,丰富了川菜品类,体现了梓潼地方文化的包容性。

片粉以优质绿豆、豌豆、红苕淀粉为主料,取菜汁等自然色素与淀粉稀释成浆,粉浆凝结,切作长条,薄滑透明,故称片粉。片粉冷热两宜。味道以麻辣为主,食之有麻、辣、冲之味。人言梓潼片粉像梓潼的民风一样,淳味朴实,刚柔相济。

(颜友)

北川：治地三迁，涅槃重生

北川新县城巴拿恰商业街

羌族，中国历史上一支古老而又命运多舛的民族，饱受战乱和灾难侵扰；北川，中国唯一的羌族自治县，亦同它的居民一样，在战乱和灾难中颠沛流离，建县的一千多年里，治所数易其址。

北川自北周天和元年（566）建县，先后以青石、禹里、曲山为治所。2008年汶川特大地震，曲山受到毁灭性破坏。经国务院批准，在原安县安昌以东两千米处重建县城，命名永昌。永昌由此成为北川的第四个县治地。

第一个县治地青石——漫漶于青史的绝塞之地

旧志记载，北周天和元年（566）建北川县时，治所位于"县西三十里"。这里的"县"，指清代石泉县治禹里。初设北川县时，属茂州管辖，其上级行政机构在今茂县县城，北川县治设在禹里以"西三十里"的青石，交通相对便捷，利于管理，是合理的选址。

唐永徽二年（651），北川县并入贞观年间析置的石泉县。北川设县的最初86年,县治在今青石。

经历了一千多年的风雨沧桑,青石已经默默无闻,历史上它却是个非常重要的地方。从茂县经禹里、擂鼓至绵阳的古道,唐代叫松岭关路,宋代叫陇东路,明代叫小东路,历来是极其重要的交通干道,青石则是这条干道上的要隘。唐初,吐蕃大举东进,其势力抵达北川西北的松潘。唐贞元十九年(803),剑南西川节度使韦皋率军两万,分九路出击,大破吐蕃,收复大片失地。为防止吐蕃顺北川河谷渗透,遂于青石设置营垒,取名威蕃栅,驻兵守之。到了明代,为了军事防御需要,在青石修建名叫青枫堡的城堡,在青枫堡上游修建石泉堡,各派官兵数十人,常年驻守。在此后的几百年中,这两座城堡对保障县城禹里的安全发挥了重要作用。明朝嘉靖年间,白草羌爆发大规模骚乱,驻守青枫堡的明军指挥曹恩等人拼死抵抗,虽势孤兵败,以身殉职,却重挫白草羌锐气。

青石是1951年后旧志所载"后周北川故城"所在地的称谓,当地人一直沿用青枫堡的旧称。1935年,红军用青枫堡之名建立了乡苏维埃政权。1951年又在这里设乡,辖区两个重要地名"青枫堡"和"石泉堡"各取一字，遂命名为青石乡。1992年行政区划调整，青石并入禹里。时光荏苒，北川最早的县治地已鲜有人知，青石作为地名也渐渐淡出人们的记忆。

第二个县治地禹里——1300年不变的治城

唐贞观八年（634），析北川之地，在禹里置石泉县；永徽二年（651），北川县并入石泉县，禹里仍为县治。民国初，石泉县因与陕西石泉"撞"名，复称北川县，禹里依然是县治地。1935年红军到达北川后，建立中共北川县委、北川县苏维埃政权，禹里不仅是新生红色政权的县治地，还一度成为红四方面军总部驻地。

历史上，禹里不仅是北川的政治中心，还是绵茂交通干线上的军事重镇。北宋末年，宋王朝为加强禹里的军事地位，防止茂县和北川羌人南下成都平原，于宋政和七年（1117）在禹里设置石泉军。石泉军管辖石泉、龙安、神泉3县，大致包括北川关内地区和安县境域。石泉军的治地也一直设在禹里。直到南宋末年，禹里时常遭到羌人的袭击，而蒙古军南下之势又咄咄逼人，才于宝祐三年（1255）迁石泉军至今永安镇。石泉军存在140多年，其治地设在禹里的时间就长达130多年。

明正德年间，羌人活动频繁。明王朝在今禹里设立石泉守备司，任命文职兵备、武职守备各一员，负责督促和部署平武县大印堡、安县以及北川境内各城堡的防务。此时，禹里又成为驻守北川地区数千官兵的指挥中心。明嘉靖年间，官军在禹里北关修建名叫"虎士营"的营房，规模达120间。清初，禹里保持250名驻军。清康熙二年（1663），松潘总兵何德成以武力征服青片河上游羌寨后，北川地区趋于稳定，驻军随之减少。雍正二年（1724），禹里守备及驻军200名被调往南坪，即今九寨沟县，仅留长防把总1名、驻军50名。禹里作为军事要塞的地位日渐式微。

禹里自唐贞观八年（634）成为石泉县治所，至1952年县城迁走，长达1318年，先后作为石泉县、石泉军、北川县的治所，历史印迹深刻，留下了"治城"这一简单明了的地名——至今也有老人以"治城"称禹里。

第三个县治地曲山——多难兴邦的深刻注脚

1952年，曲山至安县的公路动工修建，给改变北川的交通状况带来希望，而进出禹里仍要走数十里的崎岖山路，极为不便。禹里作为县治地，除了新增大批干部，还驻扎着三四百人的地方武装队伍，每天所需的粮食就达数百斤，全部靠人力背运。当时中共北川县委书记是跟随人民解放军南下入川的山西籍干部，出于交通运输方便的考虑，便决定将县城从禹里临时迁至曲山。

曲山位于湔江右岸，因北面山口有明代官军所建曲山关而得名。传说从前二郎神捉拿孽龙时，孽龙本欲西出大山，但闻擂鼓狮子山上有人擂鼓助威，遂掉头向邓家渡方向而去，江水也随之急转向东。曲山因此又称回龙。曲山三面环山，一面临水，山高坡陡，地势险峻，位于龙门山断裂带上。1958年2月8日，曲山发生6.2级地震，岩石崩塌，县委部分楼房震垮。地震的发生促使中共北川县委萌生回迁治城（今禹里）

的想法，《北川县志》记载：1959年，北川县成立由6人组成的"城建委"，调集建筑施工人员200人，于11月在治城动工修建县委、县人委办公楼一幢，在长春沟修建中学教学用房三幢，1961年完工。由于"大跃进"和随之而来的三年自然灾害，治地回迁计划最终流产，建起的县委办公楼后来成为城区公所办公楼，建好的教学用房逐年拆除。此后的几十年里，中共北川县委、县政府仍多次酝酿回迁，但都因种种原因未能实现，直至2008年5月12日，突如其来的汶川特大地震将北川县城彻底摧毁。曲山作为北川县城的时间共56年。

第四个县治地——走向新生的永昌

汶川特大地震发生后，住房和城乡建设部、四川省建设厅安排组建的，中国城市规划设计研究院牵头负责的工作组，到北川县城实地考察地震及其引发的地质灾害对城市的破坏状况，提出北川县城需异地选址重建的建议。工作组从北川县城的地质条件、受灾

情况和灾后恢复重建的要求,从人与自然和谐发展、经济社会长期可持续发展的目标出发,提出新县城选址的前提与原则,将擂鼓、永安、桑枣及安昌东南等地进行比对筛选,综合各方面条件分析,最终确定安昌东南为北川县城新址。

2008年12月,胡锦涛在四川慰问灾区群众时,为新县城取名为"永昌",意为永远繁荣昌盛。

2009年5月,新县城正式开工建设。按照规划,新县城共需建设221个项目,包括山东援建、社会捐建和自建项目三个方面,总投资153.7亿元,首期建设218个项目,总投资110亿元。广大建设者按照"三年重建任务两年基本完成"的目标,经过艰辛努力,于2011年11月全部完成首期项目建设。

2010年12月,新县城建设区内的拆迁户和北川老县城居民先后通过摇号分配新居,陆续入住。2011年2月1日,北川新县城永昌镇隆重举行以"开启永昌之城,点燃幸福之火"为主题的开城仪式,新县城从此诞生。

(谢雁萍)

龙安府：从嚣张的胖子到安静的汉子

平武县城龙安镇（钟欢　摄）

谁凿鸿蒙一线开？盘空鸟道傍岩隈。
遥通隔岸缘绳度，忽断悬崖接栈来。
树杪穿云疑作雪，石横障水激成雷。
只因锁钥西陲重，不惜流沙远堠台。

这是清初龙安知府、浙江人翁佶的《小河道中诗》，此诗形象地描述了地处涪江上游崇山峻岭之中的龙安府地理环境的险峻和战略地位的重要。二十多年后，另一位龙安知府陈于朝说："惟我龙郡，僻处边陲，介在氐羌。松峰积雪，六月如银。柳笛凄凉，三春迟暮。地则刀耕火耨，人半耐冷披毡。"则是对龙安府自然地理和风土人情的传神再现。

龙安府是明、清至中华民国初设置于今四川省绵阳市北部及广元市西部一带的一个二级行政区，治所在今平武县城龙安镇。明清两代，龙安府境域整体稳定，略有变更，大致相当于现在的平武、江油、北川、青川四县（市）。清雍正、乾隆年间还一度管辖今阿坝藏族羌族自治州东北部和松潘县。

龙安府是明代朝廷推行"改土归流"政策的产物

龙安府的建置始于明嘉靖四十五年（1566）。

平定龙州宣抚司宣抚使薛兆乾叛乱之后，朝廷对龙州土司实行改土归流，改龙州宣抚司为龙安府。《明史》列传卷一百九十九记载："至嘉靖四十四年，宣抚薛兆乾与副使李蕃相仇讦，兆乾率众围执蕃父子，殴杀之。抚按檄兵备佥事赵教勘其事。兆乾惧，与母陈氏及诸左右纠白草番众数千人，分据各关隘拒命，绝松潘饷道。胁佥事王华，不从，屠其家。居民被焚掠者无算。是年春，与官军战，不利，求救于上下十八族番蛮，皆不应。兆乾率其家属奔至石坝，官军追及之，就擒。四十五年，兆乾伏诛，籍其家，母及其党二十二人皆以同谋论斩，余党悉平。遂改龙州宣抚司为龙安府，设立流官如马湖，而割保宁之江油、成都之石泉二县分隶之。"

《明实录·世宗实录》卷五百六十六"嘉靖

四十五年十二月壬辰条"记载："改四川龙州宣抚司为龙安府。先是，巡抚谭纶言：宣抚薛兆乾悖逆伏诛，薛氏不可复立。宜如马湖事例，创建府治，改设流官知府、同知、推官及照磨、司狱官吏，其原设宣抚司副使、佥事，改衔通判。兆乾弟兆芝降为知事，俱世袭。令辖生熟番夷，不得与有司政事。土民散处宁羌利保等处者，悉入版图。且割保宁、成都二府所属江油、石泉二县并青川所隶之，而总隶于川西安绵道。户部覆如其言，乃诏易今名云。"

龙安府的得名，是取"薛氏土司叛乱已经平定，龙州从此安宁"之意。明郭子章的《郡县释名》四川卷下载龙安府"取龙州安辑之义也"，安辑之意为安定、使安定。明人曹学佺《蜀中广记》卷五十一记载："龙安府……向为龙门州郡，元弃为龙州宣慰司。国朝嘉靖四十五年改流，系以安字。"

龙安府初设时，下辖江油、石泉二县及青川守御千户所，以及境内被降级、分设、迁徙的薛、王、李诸姓土司。明万历十八年（1590）四月，龙安府新置宁武县附郭（与府同治一城）。《明实录·神宗实录》卷二百二十二记载："甲午，四川抚按奏请添设龙安县治，并请钦定县名，命县名为宁武。"次年，改宁武县为平武县,成为龙安府的"首县"。《明史》列传卷一百九十九记载:"是时叠、茂诸番众纠结为乱,镇巡官率兵剿之,俘馘八百余级,番寇亦斩其部长黑卜、白什等,献功赎罪。而松坪诸恶屯据大雪山顶,诸将卒搜讨,亦有斩获。以捷闻,遂设平武县于龙安府。"此为县境第三次以平武为名建县,并相沿至今。

历时24年,龙安府设立附郭首县平武,达成建置"标准化",标志着"改土归流"的成功。

"瘦身"之后,归于寂寞

谭其骧《中国历史地图集》中所载的明朝的龙安府版图边界线槎牙支棱,像极了一个嚣张的胖子,除了背后动不得的雪山,伸向别处的都是武功招式。明末清初的动乱给了中央政府治理这个胖子的机遇。

清朝建立后仍设龙安府。《清史稿》记载:"龙安府:(繁。隶成绵龙茂道。明,府。)顺治初,因明制,领县三。"顺治六年(1649),境内各土司归顺，仍各授原职袭任。顺治十年（1653），江油县入平武县。顺治十六年（1659），并青川守御千户所入平武县。康熙元年（1662），复置江油县，仍隶龙安府。雍正七年（1729），拨松潘卫隶龙安府。雍正九年（1731），拨绵州彰明县（今江油市之一部，治今江油市彰明镇涪江西，1958年与江油县合并）隶龙安府，并改松潘卫为松潘厅。时龙安府辖平武、江油、彰明、石泉4县，松潘1厅，及平武县境内的黄羊关土长官司、阳地隘土通判、龙溪堡土知事和石泉县境内的坝底堡、艾林堡等土司，此为龙安府极盛的黄金时期。乾隆二十五年（1760），松潘厅由散厅升为直隶厅，直隶于省，龙安府仍辖平武、江油、彰明、石泉4县及各土司。

清初，江油、彰明都曾经因为人口大幅度减损而被裁撤，养足了精气神之后方恢复县治，全部归于龙安府之下。兵燹之后，生民重聚，这边的里，那边的甲，在相当程度上改变了王朝的舆图板块。此时期龙安府的版图上，伸向川北的胳膊讪讪地缩回来了，挤到岷江边的"肥膘"被升为直隶州的老邻居茂州不客气地挤回来，只有楔入绵州的马步踩着彰明，站得极稳极深。以前的种种嚣张，化作不伤人的小拳头，向身后无人处捣得更深。即此,龙安府成功转型,胖子到瘦子的转变,正好反映出"改土归流"的民族融合历程。

涪江干游至此霍然有了脊柱的感觉,龙安山河变得更清晰。就像要完成一种历史的宿命,龙安府及首县平武,自清朝中后期以来,地位却是逐步削弱的。乾隆年间,因龙安学子多属寒士,平武、石泉两县山川险阻,道路迢遥,为方便学子参加"府试"和"院试",始设"考棚"于江油县城(今武都镇)。《清实录乾隆朝实录》卷三百九记载,乾隆十三年(1748)二月,"礼部议覆,四川巡抚纪山疏称,龙安府属之松潘、平武、江油、石泉、彰明等厅县,未设考棚。生童情愿捐赀,于适中之江油县建设。应如所请。从之"。此后,龙安府知府多借江油"考棚"为临时府署,而不常驻平武。至晚清时期,甚至很少到仍设在平武的龙安府署办公了。如光绪九年(1883)到任的龙安知府蒋德钧,在任11年,颇有德政。离任后,江油、彰明两县绅民为他修建的"蒋公德政坊"至今犹存,但平武境内却很少有人念叨这位有着好名声的蒋知府。

1912年,中华民国正式成立。次年,废除龙安府。府辖各县隶川西道（次年改称西川道）。从明嘉靖四十五年（1566）到民国二年（1913），龙安府共存在了347年。因平武县为龙安府首县，是府治所在，民间至今仍然称平武县境域为"龙安山河"，称平武县县城所在地为龙安镇。

龙安府大部分时间所辖的平武、江油、彰明、石泉4县，民间俗称"龙四属"。民国三年（1914），石泉县因与陕西省石泉县同名，且陕西省石泉县设置在先，乃复名北川县。民国三十一年（1942）八月，析平武县第三区及昭化县天隍、凉葛二乡置青川县。1958年，江油、彰明合并。平武县一分为二，江油、彰明两县合二为一，原龙安府辖区内仍为四县（市）。

（何代华）

后 记

《绵阳地情》丛书是经绵阳市人民政府批准、由绵阳市地方志编纂中心组织编纂出版的系列地情普及读物。丛书旨在通过介绍绵阳的历史人文、自然地理、名胜古迹、风土民俗等独具地方特色的地情资源，宣传绵阳优秀传统文化，彰显绵阳多姿多彩的城市魅力。丛书力求采用通俗、生动、简洁的记述方式，做到史实可信、言之有据、文风活泼，兼具权威性、知识性和可读性。

"建置沿革"是地方志书的重要篇章，它是对一个地方历史演变的提纲和汇总，堪称一部志书的"总纲"。绵阳市市县两级志书均有对本辖区建置沿革情况的详细记述，然而由于历史久远，朝代更迭频繁，各地建置沿革情况复杂多变，加上志书要求文风朴素、述而不作，令一般读者在读志书的"建置沿革"部分时往往觉得枯燥无味。作为地情普及读物，《绵阳地情》丛书系列之《绵阳建置》采用了历史文化散文的形式，力图更加简明生动地对绵阳市及所辖各县（市、区）的建置沿革和历史发展情况进行概要介绍，同时勾连各地的自然地理、交通地位、城建变迁、特色文化等方面的内容，让读者不仅能够较为清晰地把握各地的历史发展脉络，也能够领略到各地深厚的人文积淀和独特的地域风采。

本书的编纂得到了绵阳市各县（市、区）地方志工作机构以及部分文史专家、爱好者的鼎力支持。书中图片主要由各县（市、区）地方志工作机构（未署名图片）及部分摄影家提供，在此一并致以诚挚的谢意。

限于编者水平，书中错谬在所难免，望读者朋友不吝赐教。

编者
2022年7月